1001 RAZÕES PARA GOSTAR DO RIO DE JANEIRO

Marcelo Camacho

[1001 razões para gostar do Rio de Janeiro]

Ilustrações:
Marina Watanabe

Planeta

Pesquisa: Carla Ghermandi e Ana Paula Bazolli
Preparação: Carla D. Fortino
Revisão: Malu Poleti e Fernanda Mello
Projeto gráfico, diagramação e capa: Marina Watanabe

CIP-BRASIL. CATALOGAÇÃO NA PUBLICAÇÃO
SINDICATO NACIONAL DOS EDITORES DE LIVROS, RJ

C17m

Camacho, Marcelo
1001 razões para gostar do Rio de Janeiro / Marcelo Camacho; [ilustração Marina Watanabe]. – 1. ed. – São Paulo: Planeta, 2016.
il.

ISBN 978-85-422-0744-6

1. Turismo. 2. Viagens. I. Watanabe, Marina. II. Título.

16-32901 CDD: 338.4791
CDU: 338.48

2016

EDITORA PLANETA DO BRASIL LTDA.
Rua Padre João Manuel, 100 – 21º andar
Edifício Horsa II – Cerqueira César
04111-000 – São Paulo – SP
www.planetadelivros.com.br
atendimento@editoraplaneta.com.br

[APRESENTAÇÃO]

SOU CARIOCA DA GEMA, filho de pai e mãe também cariocas. Nasci e cresci em Campo Grande, na Zona Oeste, onde tive uma infância sempre em contato com a natureza – e com a essência da alma suburbana. Na adolescência, fui morar na Tijuca, na Zona Norte, mas estudava no Centro, região em que se respira história a cada esquina – e que me fascina até hoje.

Meu início de vida adulta foi na Barra da Tijuca, de volta à Zona Oeste, porém outra Zona Oeste, totalmente diferente da vida quase rural em Campo Grande. Nessa época, eu fazia faculdade na Gávea e, assim, fincava meus pés na Zona Sul pela primeira vez. Meu primeiro emprego em jornal – sim, sou jornalista – me levou de volta ao Centro, para onde também retornei outras vezes, trabalhando em diferentes veículos.

Pouco tempo depois, acabei indo morar na Lagoa, de onde nunca mais saí. Quer dizer, saí... Há alguns anos, divido a vida entre o Rio de Janeiro e São Paulo, o que só me faz gostar cada vez mais da minha cidade – da sua natureza encantadora, da sua história inigualável, da sua rica vida cultural, dos seus segredos ainda escondidos.

Escrever este *1001 razões para gostar do Rio de Janeiro* foi, para mim, uma maneira de redescobrir a cidade. A ideia veio de outro livro meu, *1001 razões para gostar do Brasil*. Mas será que daria para achar tantos motivos e preencher um livro inteiro debruçando-me apenas sobre a cidade do Rio de Janeiro? Pois deu, e sobrou!

Nas páginas a seguir, o leitor encontrará relacionados, em ordem aleatória, marcos históricos, delícias gastronômicas, belezas naturais, traços característicos do carioca – e muito mais. Mas várias coisas tiveram de ficar de fora, pois lista alguma jamais será definitiva. Daria, por exemplo, para escrever outro livro só sobre a produção cultural do Rio: a música, a literatura, a fotografia, a moda, o teatro, a arquitetura, as artes plásticas, o rádio, a televisão, os desfiles das escolas de samba, os shows que marcaram a história da cidade...

Mas muitas dessas coisas estão aqui, sim, assim como os artistas que fazem (ou fizeram) tudo isso acontecer. O leitor perceberá que nem todos esses artistas são cariocas – mas eles estão no livro ou por terem adotado o Rio como lugar para viver, ou por terem dado nesta cidade os primeiros e fundamentais passos de suas carreiras. Assim como aconteceu comigo mesmo.

Mas e os problemas? Sim, o Rio é cheio de problemas. Todo lugar é! Mas nós, cariocas, não gostamos de ouvir ninguém de fora falando mal do Rio – só nós mesmos podemos fazer isso! E, instantes depois, já estamos lá de novo, caindo de amores pela Cidade Maravilhosa, que, afinal, é cheia de encantos mil...

MARCELO CAMACHO

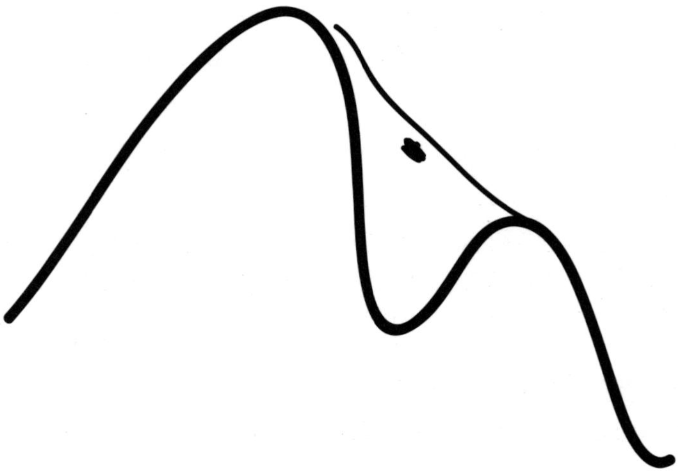

[PÃO DE AÇÚCAR]

[1] O Rio de Janeiro é a Cidade Maravilhosa. E, sim é uma cidade cheia de encantos mil.

[2] Sabia que a marchinha de Carnaval "Cidade maravilhosa", de 1934, é também o hino oficial da cidade?

[3] A beleza do Rio nunca cansa – e sempre surpreende.

[4] O colorido das obras do Museu Internacional de Arte Naïf, no Cosme Velho.

[5] Bibi Ferreira, a mais completa artista carioca viva.

[6] Os cartuns do Jaguar.

[7] O Mosteiro de São Bento, no Centro, com sua rica decoração barroca em madeira folheada a ouro.

[8] Assistir à missa com canto gregoriano do Mosteiro de São Bento, nas manhãs de domingo.

[9] O bloco carnavalesco das Carmelitas, de Santa Teresa.

[10] "Gentileza gera gentileza", frase do profeta Gentileza, que escrevia suas mensagens em viadutos da Zona Portuária.

[11] A Ponte dos Jesuítas, de 1752, em Santa Cruz.

[12] Copacabana. É a praia mais famosa do Brasil e, talvez, do mundo.

[13] Dick Farney cantando "Copacabana", a música de Braguinha e Alberto Ribeiro que deu à praia o título de Princesinha do Mar.

[14] O Rio é um ótimo lugar para praticar exercícios ao ar livre.

[15] O filme *Tropa de elite*, de José Padilha.

[16] Cariocas que sabem das coisas têm sempre um calção de banho ou um biquíni no carro ou na bolsa, para quando sobra um tempinho, afinal a praia está logo ali.

[17] O bolinho de aipim com camarão e catupiry do bar Bracarense, no Leblon.

[18] O Parque Penhasco Dois Irmãos e sua bela vista das praias do Leblon e de Ipanema.

[19] A coleção de azulejos – e o lindo jardim – do Museu do Açude, no Alto da Boa Vista.

[20] Os sambas de Martinho da Vila.

[21] Heleno de Freitas, o craque temperamental do Botafogo nos anos 1940.

[22] Rodrigo Santoro como personagem-título do filme *Heleno: o príncipe maldito*, sobre a vida do jogador, com direção de José Henrique Fonseca.

[23] Batalha do passinho, dança com um mix de ritmos como *hip-hop*, *break* e frevo. Uma febre nas comunidades cariocas.

[24] Caminhar descalço na beira do mar.

[25] Os saltos e as manobras radicais de quem pratica *kitesurfe* na praia da Barra da Tijuca.

[26] Grande Otelo e Oscarito nas chanchadas da Atlântida.

[27] A Feira Hippie de Ipanema. Todo domingo, desde 1968, na Praça General Osório.

[28] O bondinho de Santa Teresa.

[29] “Menino do Rio/ Calor que provoca arrepio...” A canção “Menino do Rio”, de Caetano Veloso, na voz de Baby Consuelo, transpira carioquice.

[30] O Grupo Cultural Jongo da Serrinha, que preserva e difunde o jongo, gênero que junta dança e cantigas de origem africana. Em Madureira.

[31] As imagens do fotógrafo Custodio Coimbra no livro *Rio de Cantos 1.000*.

[32] Andar pelas ruas do Centro do Rio é respirar a história do país.

[33] A Praça XV foi o epicentro da vida social e política da cidade desde a época da colônia até os primeiros tempos do Império.

[34] O Paço Imperial, que domina a paisagem da Praça XV, foi usado por vice-reis e, após a chegada da família real portuguesa, em 1808, pelo rei dom João VI, e, depois, pelos imperadores dom Pedro I e dom Pedro II.

[35] O Paço é hoje um importante espaço de exposições.

[36] O chafariz do Mestre Valentim, obra de 1789, até hoje é um dos símbolos da Praça XV. Foi diante dele que a família real portuguesa desembarcou quando chegou ao Brasil.

[37] A igreja de Nossa Senhora do Carmo, a antiga catedral do Rio, inaugurada em 1770. Fica bem em frente à Praça XV.

[38] Foi nela que dom Pedro I e dom Pedro II foram sagrados imperadores do Brasil. A igreja abriga parte dos restos mortais do descobridor Pedro Álvares Cabral.

[39] O Palácio Tiradentes, de 1926, antigo Congresso Nacional brasileiro e atual sede da Assembleia Legislativa do Estado do Rio de Janeiro. Fica colado ao Paço Imperial.

[40] Junto ao Palácio Tiradentes tem outra bela igreja, a de São José, de 1842.

[41] O piano de Nelson Freire.

[42] O marreco assado com batata doce caramelizada do restaurante Quinta, em Vargem Grande.

[43] A Maratona do Rio de Janeiro, que atrai mais de 25 mil participantes.

[44] A informalidade do carioca ao se vestir.

[45] Nas proximidades da praia, então, as pessoas andam praticamente nuas, numa boa.

[46] O bloco de Carnaval Simpatia É Quase Amor, de Ipanema.

[47] A poesia de Cecília Meireles, carioca da Tijuca.

[48] Os ateliês de fotógrafos, artistas plásticos e artesãos da antiga Fábrica Bhering, em Santo Cristo.

[49] Dar um mergulho das pedras do Arpoador.

[50] O Noel Rosa de "Com que roupa?", "Último desejo", "Fita amarela", "Palpite infeliz", "Três apitos"...

[51] Aracy de Almeida, a intérprete preferida de Noel, cantando "Conversa de botequim".

[52] A estátua de Noel Rosa – com o garçom do botequim – em Vila Isabel, bairro do compositor.

[53] "Quem nasce lá na Vila nem sequer vacila ao abraçar o samba/ Que faz dançar os galhos do arvoredo/ E faz a lua nascer mais cedo...", trecho da música "Feitiço da Vila", de Noel Rosa e Vadico.

"Sempre que tenho uma folga e está sol, corro para a praia. A minha preferida é a da Reserva, entre a Barra e o Recreio. Costumo ir durante a semana, quando fica bem vazia. É um verdadeiro paraíso."

CAROLINA DIECKMANN, atriz

[54] As calçadas de pedra portuguesa com instrumentos e notas musicais de Vila Isabel que existem desde 1965. Lá, estão representadas músicas como "Carinhoso", de Pixinguinha e Braguinha, e "Aquarela do Brasil", de Ary Barroso.

[55] O sotaque chiado dos cariocas, que trocam o *s* pelo *x*. Muitos *x*!

[56] Mas no Rio ninguém acredita ter sotaque. Sotaque têm os outros, certo?

[57] O samba no pé – e o sorrisão – de Carlinhos de Jesus.

[58] Angela Ro Ro cantando "Amor, meu grande amor", "Fogueira", "Simples carinho", "Vida", "Se você voltar"...

[59] A réplica do 14 Bis e as outras aeronaves do Museu Aeroespacial, no Campo dos Afonsos.

[60] Objetos pessoais de Santos Dumont – e até seu coração numa redoma de metal – também estão no museu.

[61] As livrarias que são a cara do Rio: Travessa, Argumento, Timbre, Leonardo Da Vinci, Arlequim.

[62] Existe até uma que só vende livros sobre a cidade: é a Folha Seca, que fica no Centro.

[63] As fotos do Rio de Janeiro imperial do fotógrafo suíço Georges Leuzinger.

[64] "Uma vez Flamengo, sempre Flamengo/ Flamengo sempre eu hei de ser...", trecho de "Marcha do Flamengo", hino não oficial do clube, de Lamartine Babo.

[65] O rock de Cássia Eller, carioca nascida no bairro de Campo Grande.

[66] A TV Globo e seu numeroso e talentoso elenco fazem do Rio a Hollywood brasileira.

[67] E como os cariocas reagem quando encontram alguém famoso na rua? Não estão nem aí!

[68] Mas na porta do Projac, o complexo de estúdios da Globo, em Jacarepaguá, tem sempre fãs atrás de selfies com artistas.

[69] Quem quiser ver rostos conhecidos, mas não estiver a fim de ir ao Projac, pode se arriscar na badalada rua Dias Ferreira, no Leblon, em restaurantes como Quadrucci, Celeiro ou Sushi Leblon.

[70] Talvez seja até possível ver Caetano Veloso estacionando o carro por lá.

[71] Fazer um piquenique no Parque da Cidade, na Gávea.

[72] O Rio antes da chegada do progresso imaginado nas telas do pintor Eduardo Camões.

[73] É possível viver em bairros do subúrbio que ainda têm muitas áreas rurais. Principalmente na Zona Oeste.

[74] E, lá, as crianças podem pular corda na rua, soltar pipa, descer ladeira em carrinho de rolimã, brincar de pular carniça, pique-esconde, amarelinha, queimado...

[75] Sem falar na delícia que é comer frutas no pé, como goiaba, jabuticaba e pitanga.

[76] E tem aquelas que é preciso cutucar a árvore com uma vara para arrancá-las: manga, cajá, tamarindo, seriguela, jambo, jamelão...

[77] No subúrbio, ainda tem até a brincadeira de malhação do Judas no Sábado de Aleluia.

[78] Sem esquecer a distribuição de doces, em 27 de setembro, Dia de São Cosme e São Damião.

[79] Maria-mole, suspiro, pirulito, peito de moça, paçoca, "cocô de rato", pé de moleque, geleia de duas cores...

[80] Eduardo Dusek cantando “Barrados no baile”, “Rock da cachorra”, “Nostradamus”, “Cantando no banheiro”...

[81] A Enseada de Botafogo, que parece ter sido riscada por um compasso gigante.

[82] As carruagens antigas do Museu Histórico Nacional, no Centro.

[83] A simpatia e o calor humano dos cariocas.

[84] As instalações do artista plástico José Bechara.

[85] Ernesto Nazareth, o gênio do piano popular carioca do início do século XX.

[86] O frango com quiabo do restaurante Da Gema, no Andaraí.

[87] A semana de moda Fashion Rio. Tomara que volte logo.

[88] Maria Clara Machado e suas peças infantis, com *Pluft, o fantasminha* no topo da lista.

[89] O teatro O Tablado, fundado por Maria Clara, e seu curso de atores, de onde saiu muita gente boa como Cláudia Abreu, Malu Mader, Drica Moraes e tantos outros.

[90] A boa qualidade da extensa programação de teatro infantil da cidade.

[91] É tanto espetáculo bom que rola até reconhecimento: o Prêmio Zilka Sallaberry de Teatro Infantil, que existe desde 2007.

[92] A programação de teatro adulto do Rio também é excelente.

[93] As casas antigas e o badalar do sino da capela de Nossa Senhora das Neves, de 1860, no Largo das Neves, em Santa Teresa, é como um bilhete direto para o passado.

[94] Mário Lago, carioca da Lapa.

[95] O carioca é um ser musical.

[96] Uma das delícias do Rio é poder comer em bons restaurantes desfrutando também de uma bela vista da cidade.

[97] O restaurante Albamar, na torre do prédio histórico que sobrou do antigo Mercado Municipal da Praça XV, é praticamente dentro da Baía de Guanabara.

[98] O Lagoon é um complexo de restaurantes debruçado sobre o visual de cinema da Lagoa Rodrigo de Freitas.

"O Rio tem lugares maravilhosos, pontos turísticos belíssimos, como o Cristo Redentor, por exemplo. Mas, para mim, o lugar mais incrível da cidade é a Marquês de Sapucaí, onde acontece o desfile das escolas de samba, o maior espetáculo audiovisual do planeta."

Neguinho da Beija-Flor,
cantor e compositor

[99] O restaurante Aprazível, em Santa Teresa, tem vista privilegiada para o Centro, a Zona Norte e a Baía de Guanabara.

[100] A churrascaria Fogo de Chão, em Botafogo, fica de cara para o Pão de Açúcar e a enseada de Botafogo.

[101] O Bar d'Hôtel, no segundo andar do Hotel Marina All Suites, conta com uma boa quantidade de mesas com vista para o mar do Leblon.

[102] O Bar Urca está de frente para a Baía de Guanabara. A mureta do outro lado da rua faz o maior sucesso.

[103] O restaurante Bira, em Barra de Guaratiba, deixa todo mundo de queixo caído com sua vista para a Restinga da Marambaia.

[104] O Bar Lagoa, de 1934, uma instituição da boemia carioca, tem as mesas da varanda voltadas para o Corcovado.

[105] O restaurante Mauá fica no topo do MAR, o Museu de Arte do Rio, de onde se vê toda a nova Praça Mauá, com o Museu do Amanhã, e a Baía de Guanabara.

[106] Os malabarismos vocais de Ed Motta, carioca da Tijuca.

[107] O tom político das obras do artista plástico Carlos Zilio.

[108] Passar férias no Rio durante o verão significa não precisar usar calças compridas nenhum dia sequer.

[109] Os personagens das charges de Henfil: Graúna, Bode Orelana, Zeferino, Fradim.

[110] Os ecossistemas de restinga e manguezal do Parque Ecológico de Marapendi, no Recreio dos Bandeirantes.

[111] Nilton Santos, conhecido como a Enciclopédia do Futebol, craque do Botafogo dos anos 1950 e 1960, considerado o melhor lateral-esquerdo de todos os tempos.

[112] O funk carioca.

[113] Dançar até o chão. Chão, chão, chão.

[114] O Parque Madureira, com seus mais de 90 mil metros quadrados de área de lazer.

[115] É lá que fica a maior pista de skate do Brasil, além de ciclovia, quadras poliesportivas, cascatas d'água e a Arena Carioca Fernando Torres, onde acontecem vários shows.

[116] Também no Parque Madureira estão os anéis olímpicos, com 12 metros de altura, disputadíssimos para fotos.

[117] Os Jogos Olímpicos e Paralímpicos de 2016.

[118] O contorno das montanhas da cidade, das ondas do mar e do calçadão da praia de Copacabana no desenho da Tocha Olímpica Rio 2016.

[119] Vinicius e Tom, os mascotes dos Jogos Olímpicos e Paraolímpicos do Rio. Podiam ser mais bonitinhos, mas os nomes são ótimos.

[120] O Parque Olímpico da Barra, com 1,18 milhão de metros quadrados, palco de esportes como basquete, tênis, judô, esgrima, ginástica rítmica e handebol.

[121] O Parque Radical de Deodoro. Sede de esportes como a canoagem *slalom* e o ciclismo *mountain bike* nos Jogos Olímpicos. É também a mais nova área de lazer da cidade.

[122] O Complexo Esportivo de Deodoro, palco, nos Jogos Olímpicos, de esportes como tiro esportivo, pentatlo moderno, hipismo, rúgbi e hóquei sobre grama.

[123] Alguns números dos Jogos Rio 2016: 10.500 atletas de 206 países, num total de 17 dias de competições, em 42 esportes, com 306 provas valendo medalhas.

[124] Beber uma água de coco nos quiosques da praia.

"Adoro o Jardim Botânico. Quando as pessoas falam do Rio de Janeiro, tendem a se lembrar sempre das praias, que são lindas também. Mas acho a coleção de plantas, as palmeiras imperiais e o lago das vitórias-régias um passeio único e imperdível. E tudo isso com o Cristo ali bem pertinho. É de encher os olhos e os pulmões!"

Lilia Cabral, atriz

[125] Beth Carvalho, carioca da Gamboa.

[126] Os jacarés-de-papo-amarelo do Parque Ecológico Chico Mendes, no Recreio dos Bandeirantes.

[127] O Mercadão de Madureira é o mais importante centro de comércio popular da cidade, com 580 lojas.

[128] O Kid Abelha tocando "Pintura íntima", "Por que não eu?", "Lágrimas e chuva", "Os outros", "Como eu quero"...

[129] A ponta de picanha Brangus da churrascaria Majórica, no Flamengo.

[130] Os cartuns e caricaturas de Cássio Loredano – e os desenhos da cidade no livro *Rio, papel e lápis*.

[131] As cachoeiras do Horto, pertinho do Jardim Botânico e do agito da Zona Sul.

[132] O violoncelista Antonio Meneses, um dos principais nomes do mundo em seu instrumento.

[133] O Carnaval carioca.

[134] Os desfiles das escolas de samba no Sambódromo da avenida Marquês de Sapucaí.

[135] A ala das baianas – especialmente quando elas giram.

[136] Os desfiles do carnavalesco Joãosinho Trinta. O enredo "Ratos e urubus, larguem minha fantasia", da Beija-Flor, em 1989, é sua obra-prima.

[137] A frase genial de Joãosinho Trinta: "Pobre gosta de luxo. Quem gosta de miséria é intelectual".

[138] A tradição do verde e rosa da Mangueira.

[139] E que privilégio era ouvir Jamelão cantando os sambas da escola.

[140] O emocionante desfile *Kizomba, festa da raça*, da Vila Isabel, em 1988, ano do centenário da abolição da escravatura, quando a escola foi campeã pela primeira vez.

[141] Monique Evans, a primeira rainha de bateria, em 1984, na Mocidade Independente de Padre Miguel.

[142] As coreografias hipnotizantes das comissões de frente.

[143] O samba-enredo "Bumbum paticumbum prugurundum", que deu o campeonato ao Império Serrano, em 1982.

[144] A águia da Portela.

[145] A paradinha da bateria com batida funk no desfile campeão da Unidos do Viradouro, em 1997.

[146] As alegorias vivas do carnavalesco Paulo Barros na Unidos da Tijuca, em 2004. O carro alegórico do DNA entrou para a história do Carnaval.

[147] Viviane Araújo como rainha de bateria do Salgueiro.

[148] O samba da Imperatriz Leopoldinense, de 1989, que será cantado para sempre, com seus versos "Liberdade, liberdade, abre as asas sobre nós...".

[149] A grandiosidade dos carros alegóricos.

[150] O arco monumental da Praça da Apoteose, ponto alto do projeto de Oscar Niemeyer para o Sambódromo.

[151] O desfile campeão da Portela, em 1984, que homenageou Clara Nunes, Natal e Paulo da Portela, três ícones da escola.

[152] Luma de Oliveira como rainha de bateria. Quem não se lembra de quando ela usou uma coleira com o nome do então marido, Eike, no desfile da Tradição, em 1998?

[153] O balé do mestre-sala e da porta-bandeira.

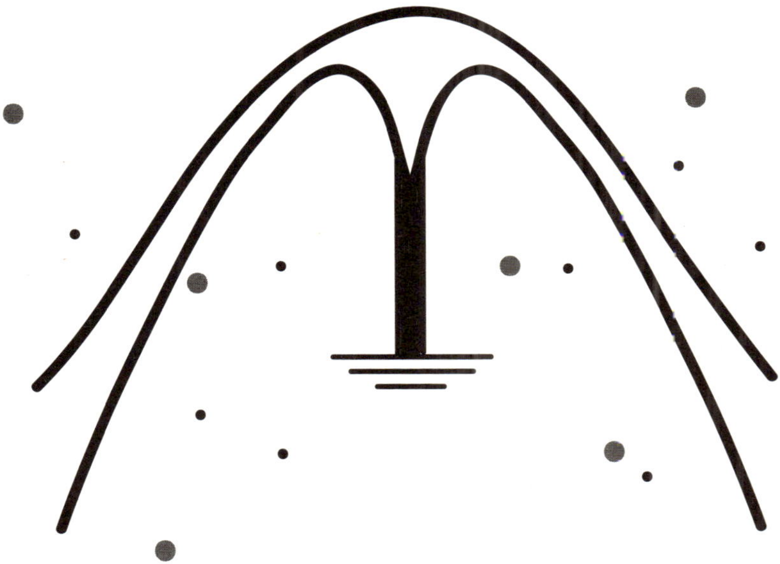

[SAMBÓDROMO]

[154] "Eu vejo a lua no céu, a Mocidade a sorrir/ De verde e branco na Sapucaí", dizia o samba contagiante da Mocidade, em 1992.

[155] A arquibancada do Setor 1 do Sambódromo, onde nunca falta animação do público.

[156] Sabrina Sato como rainha de bateria da Vila Isabel.

[157] Dois dos sambas-enredo mais famosos de todos os tempos são da União da Ilha: "O amanhã" ("A cigana leu o meu destino..."), de 1978, e "É hoje" ("A minha alegria atravessou o mar..."), de 1982.

[158] Não existiria desfile de escola de samba sem as fantasias minúsculas das passistas.

[159] "Tem bumbum de fora pra chuchu/ Qualquer dia é todo mundo nu." Era esse o refrão do samba da Caprichosos de Pilares, em 1985.

[160] Aquele arrepio que dá na gente quando a bateria passa.

[161] Desfilar numa escola de samba é uma experiência inesquecível. Todo mundo deveria experimentar.

[162] Os sambistas da velha guarda.

[163] Juliana Paes como rainha de bateria da Viradouro.

[164] A bateria nota 10 da Mocidade. Afinal, Padre Miguel é a capital da escola de samba que bate melhor no Carnaval.

[165] "Olha a Beija-Flor aí, gente!", o grito de guerra do cantor Neguinho da Beija-Flor.

[166] O campeonato do Salgueiro, em 1993. Não se ouvia outra coisa além de: "Explode coração, na maior felicidade/ É lindo o meu Salgueiro...".

[167] O gari Renato Sorriso, que varre a Sapucaí – e samba muito! – nos intervalos dos desfiles.

[168] O "astronauta" que voou sobre a Grande Rio, em 2001.

[169] Os desfiles-homenagem da Mangueira: Braguinha (1984), Caymmi (1986), Drummond (1987), Tom Jobim (1992), Chico Buarque (1998) e Maria Bethânia (2016).

[170] "Me leva que eu vou, sonho meu/ Atrás da verde e rosa só não vai quem já morreu", o refrão do samba de 1994 da Mangueira, que homenageou Gal, Bethânia, Caetano e Gil.

[171] Luiza Brunet como rainha de bateria da Imperatriz Leopoldinense.

[172] O samba no pé dos integrantes de cada ala que desfila. É gente que trabalha o ano inteiro por um momento de sonho...

[173] Os desfiles do Rio são mesmo o maior espetáculo da Terra!

[174] Até os ensaios técnicos, nos fins de semana que antecedem o Carnaval, com entrada gratuita, são pura emoção.

[175] O cãozinho Rex nas telas do artista plástico Angelo de Aquino.

[176] Tomar uma batida no Bar do Oswaldo, na Barra da Tijuca. Tem de coco, amendoim, maracujá e até açaí.

[177] A imensidão de areias brancas da Restinga da Marambaia, que se estende por 42 quilômetros a partir da Barra de Guaratiba. Pena que é uma área militar restrita.

[178] Chegar de avião ao Rio, vindo de São Paulo, sentar-se do lado direito da aeronave e admirar a Restinga da Marambaia lá de cima, por volta dos 30 minutos de voo.

[179] "Eu tenho uma casinha lá na Marambaia/ Fica na beira da praia, só vendo que beleza...", trecho da música "Só vendo que beleza", de Henricão e Rubem Campos, gravada por Carmem Costa, Elis Regina e Maria Bethânia.

["Sugiro um passeio pela Vista Chinesa e pela Mesa do Imperador, passando pela Estrada das Paineiras. Depois, um mergulho no Arpoador, que é um dos pontos geográficos mais bonitos da América do Sul."

Evandro Mesquita,
ator e cantor]

[180] Os sushis e sashimis do restaurante Azumi, em Copacabana.

[181] O Baixo Bebê, quiosque junto às areias da praia do Leblon, ponto de encontro e brincadeiras de vários... bebês!

[182] As acrobacias da Intrépida Trupe.

[183] O bloco carnavalesco Virilha de Minhoca, que ocupa as ruas de Bangu.

[184] Cara, ser carioca é começar praticamente todas as suas frases com "Cara".

[185] Os *Bichos* da artista plástica Lygia Clark.

[186] As crônicas de Danuza Leão.

[187] O Rio Open, o maior torneio de tênis da América do Sul.

[188] O vozeirão de Elza Soares, carioca de Padre Miguel.

[189] O Anima Mundi, o maior festival de filmes de animação da América Latina.

[190] O Piscinão de Ramos, com seus 30 milhões de litros de água salgada.

[191] A barriga de grávida da atriz Leila Diniz à mostra nas areias de Ipanema, em 1971, quando ninguém fazia isso.

[192] As frases transgressoras de Leila, em plena ditatura, que a colocaram na vanguarda da emancipação feminina no Brasil. Exemplos: "Você pode amar muito uma pessoa e ir para a cama com outra. Já aconteceu comigo". Ou: "Eu posso dar para todo mundo, mas não dou para qualquer um".

[193] *Todas as mulheres do mundo*, o filme-tributo do diretor Domingos de Oliveira para a ex-mulher Leila Diniz. Estrelado por ela, claro.

[194] Louise Cardoso no filme *Leila Diniz*, de Luiz Carlos Lacerda, em que viveu a protagonista de maneira quase mediúnica.

[195] *O Pasquim*. Nos anos de chumbo, com seu humor e sua linguagem irreverentes, o jornal alternativo carioca chegou a vender mais de 200 mil exemplares por semana. A edição recordista trazia na capa a foto de Leila Diniz e a chamada para a entrevista, em 1969.

[196] "Gostosa, quentinha, olha a pamonha!"

[197] O prédio neoclássico do Palácio do Itamaraty, no Centro. Concluído em 1855, foi a primeira sede da República, entre 1889 e 1898.

[198] A magia do entardecer carioca com seus matizes de laranja, amarelo, vermelho, rosa, lilás e cinza.

[199] Se for próximo ao mar, junte aí verdes e azuis e mais o branco da espuma das ondas.

[200] A exuberância da natureza faz mesmo do Rio uma das cidades mais bonitas do mundo.

[201] A codorna recheada com farofa de cebola e passas do restaurante Olympe, do chef Claude Troisgros, no Jardim Botânico.

[202] No inverno carioca, os termômetros baixam pouco.

[203] Mas, para os cariocas, 20°C é frio.

[204] É até motivo para usar gorro, cachecol e sobretudo.

[205] E fingir que o Rio é Londres.

[206] Só que essa onda de temperaturas baixas dura bem pouco, e é comum fazer piada, dizendo: "Este ano, o inverno caiu na última semana de julho".

[207] Por essa razão, é possível ir à praia em junho, julho ou agosto, numa boa.

[208] E é assim que dá para manter o bronzeado em dia o ano todo.

[209] Mas os cariocas chamam isso de "pegar um bronze".

[210] Portanto, é quase correto dizer que, no Rio, há sol o ano inteiro. E apenas duas estações: o verão e o "inferno".

[211] Seu Jorge cantando "Carolina", "Pretinha", "Mangueira", "Burguesinha"...

[212] O Museu de Arte Sacra da Catedral Metropolitana tem mais de 5 mil itens, incluindo um trono que pertenceu a dom Pedro II.

[213] O Morro Dois Irmãos, no fim da praia do Leblon.

[214] Os musicais com a marca da dupla Charles Möeller e Claudio Botelho.

[215] A poesia de Carlos Drummond de Andrade.

[216] A estátua de Drummond, em Copacabana, em frente à avenida Rainha Elizabeth da Bélgica, bem na direção da rua em que ele morava, a Conselheiro Lafaiete.

[217] O casario histórico da rua da Carioca, no Centro.

[Morro Dois Irmãos]

[218] O carioca adora sentar numa mesa de bar, com cerveja (ou chope) no copo, e ver a vida passar na calçada.

[219] A reinvenção do azulejo na obra da artista plástica Adriana Varejão.

[220] O Festival Internacional da Canção, de 1966 a 1972, no Maracanãzinho.

[221] "Boa sorte, maestro!", o famoso bordão do apresentador do festival, Hilton Gomes.

[222] Nana Caymmi cantando "Saveiros" ficou em primeiro lugar na fase nacional do festival, em 1966.

[223] Milton Nascimento foi o melhor intérprete de 1967 com "Travessia". A revelação do ano!

[224] O Festival Internacional da Canção de 1968 foi polêmico. "Sabiá", de Tom Jobim e Chico Buarque, cantada por Cynara e Cybele, foi a vencedora e levou a maior vaia. O povo queria "Pra não dizer que não falei das flores (Caminhando)", de Geraldo Vandré.

[225] Em 1970, Tony Tornado e o Trio Ternura levaram o público ao delírio com "BR-3".

[226] Maria Alcina cantando "Fio Maravilha", de Jorge Ben, música em homenagem ao ídolo do Flamengo da época, foi a vencedora da fase nacional do festival, em 1972.

[227] Praticar remo ou esqui aquático nas águas da Lagoa Rodrigo de Freitas.

[228] O bloco de Carnaval Fogo e Paixão, com suas músicas bregas, nas ruas do Centro.

[229] "Hei de torcer, torcer, torcer.../ Hei de torcer até morrer, morrer, morrer...", trecho de "Marcha do América", hino não oficial do clube, de Lamartine Babo, que era torcedor do América.

[230] Claudinho & Buchecha.

[231] O Centro Cultural Justiça Federal, no Centro. Além do lindo prédio em estilo eclético, de 1909, tem um ótimo teatro e salas de exposição.

[232] A costela de javali assada do restaurante D'Amici, no Leme.

[233] Os contornos sinuosos da Baía de Guanabara. Será que um dia ela será despoluída?

[234] Cariocas dão um "rolé" por aí. Nunca um "rolê".

[235] O projeto Ninho de Livros, que espalha pela cidade casinholas onde qualquer um pode pegar um livro de graça. Doações, nas mesmas casinholas, também são bem-vindas.

[236] Os Paralamas do Sucesso tocando "Ela disse adeus", "Lanterna dos afogados", "Meu erro", "Alagados"...

[237] As novelas e as minisséries de Gilberto Braga têm sempre o Rio como cenário e muitas atuações inesquecíveis de grandes atores e atrizes.

[238] Sonia Braga como a ex-presidiária Júlia Matos, que sofria nas mãos da irmã, Yolanda Pratini, uma socialite de Copacabana, vivida por Joana Fomm, em *Dancin' days*.

[239] Betty Faria e Reginaldo Faria e o romance de seus personagens Lígia e Nélson, a bordo de um veleiro ancorado na Marina da Glória, na novela *Água viva*.

[240] Tônia Carrero, a milionária Stella Simpson, que morava de frente para o mar de Ipanema, também em *Água viva*.

[241] Malu Mader e Felipe Camargo, os jovens Lurdinha e Marcos, na Tijuca dos anos 1950 da minissérie *Anos dourados*.

[242] As piores vilãs das telas, Odete Roitman e Maria de Fátima, foram vividas por Beatriz Segall e Gloria Pires em *Vale tudo*.

[243] Antônio Fagundes, como o mau-caráter Felipe Barreto, e a mãe dele, a cafetina de luxo Olga Portela, interpretada por Fernanda Montenegro, na novela *O dono do mundo*.

[244] Cláudia Abreu e sua Heloísa, a riquinha de Copacabana que vira guerrilheira, na minissérie *Anos rebeldes*.

[245] Camila Pitanga como a prostituta Bebel fazendo ponto no calçadão de Copacabana, na novela *Paraíso tropical*.

[246] Deborah Secco, a divertida periguete Natalie Lamour, da novela *Insensato coração*.

[247] A pintura de Candido Portinari.

[248] O bloco de Carnaval Imprensa Que Eu Gamo, fundado por jornalistas, que desfila em Laranjeiras.

[249] O cinema Estação Botafogo, que formou, a partir dos anos 1980, novas gerações de cinéfilos. Atualmente, tem o nome Estação Net Botafogo.

[250] A Blitz tocando "Você não soube me amar", "Weekend", "A dois passos do paraíso", "Mais uma de amor (Geme geme)"...

[251] Evandro Mesquita, carioca de Ipanema, um autêntico menino do Rio.

"Tenho o privilégio de morar e trabalhar no Rio de Janeiro e, por causa do *Estrelas*, conheci muitos cantinhos da Cidade Maravilhosa! Do Real Gabinete Português de Leitura à Urca, com todo o seu charme. Adoro quando vou gravar no Alto da Boa Vista, nos pedalinhos da Lagoa ou nas praias. Mas sobrevoar o Cristo Redentor é imbatível!"

Angélica, apresentadora

[252] Cariocas vão para a "night". Nunca para a "balada".

[253] O museu e os jardins da Fundação Casa de Rui Barbosa, em Botafogo. A construção cor-de-rosa é de 1850.

[254] Patinar no Parque dos Patins, às margens da Lagoa Rodrigo de Freitas.

[255] O Retiro dos Artistas, em Jacarepaguá, que abriga artistas idosos que passam por dificuldades financeiras e não têm onde morar.

[256] Botequim, também chamado de boteco, pé-sujo etc. Em qualquer esquina. Em todos os bairros. Em quase todos os horários.

[257] Petiscos de botequim: frango à passarinho, tremoços, linguiça frita com cebola, filezinho aperitivo e, para os mais corajosos, ovo cor-de-rosa.

[258] Mas agora também tem os lugares com comidinhas mais chiques – porém, sem perder a alma de botequim!

[259] O negócio é tão sério que existe até guia e prêmio para as melhores casas.

[260] Todo o código pelo qual os cariocas se comportam nos botequins, bares e afins.

[261] Conhecer pelo menos um garçom pelo nome.

[262] Ser reconhecido pelos garçons, mesmo que eles ainda não saibam seu nome.

[263] Se algum deles souber, melhor ainda. E se ele te chamar pelo nome errado, tudo bem. Pelo menos, tentou.

[264] Beber em pé no balcão – ou na calçada.

[265] Pedir para o atendente ser bem generoso nas doses de bebida e soltar aquele “Capricha aí, hein!”.

[266] Dar um gole para o santo.

[267] Se beber cerveja, ela será servida em copo tipo americano de 190 ml.

[268] Mesa de sinuca – e gente jogando.

[269] Na calçada, aparece sempre um cachorro vira-lata.

[270] Chorar as mágoas, amorosas ou não, com algum desconhecido.

[271] Todo bom boteco tem pelo menos uma briga histórica sobre a qual se fala por anos e anos.

[272] E não podem faltar compositores em ação. E samba numa mesa de fundo.

[273] Tomar a saideira.

[274] E, atenção, é proibido fumar em estabelecimentos fechados em toda a cidade. "Espaço ao ar livre é o que não falta", diz o *slogan* da campanha de conscientização sobre a lei.

[275] O desenho das ondas do mar no calçadão da praia de Copacabana.

[276] Os contos e os romances do escritor Sérgio Sant'Anna, nos quais a cidade também é personagem, como *A senhorita Simpson* e *Amazona*.

[277] O milk-shake de Ovomaltine do Bob's.

[278] Sabia que o Bob's, que surgiu em Copacabana, em 1952, foi a primeira rede de fast-food brasileira?

[279] "Alô, alô, Realengo, aquele abraço/ Alô, torcida do Flamengo, aquele abraço...", trecho da música "Aquele abraço", de Gilberto Gil.

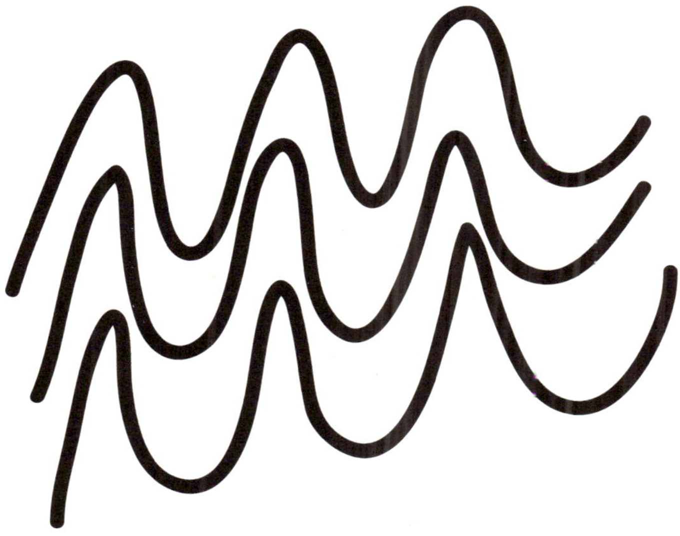

[Calçadão de Copacabana]

[280] A igreja do Outeiro da Glória, de 1739. Dom Pedro II e a princesa Isabel foram batizados lá.

[281] As litografias de Jean-Baptiste Debret mostrando o Rio do século XIX.

[282] O cuscuz marroquino com tiras de cordeiro do restaurante Amir, em Copacabana.

[283] Como dizia Tim Maia, do Leme ao Pontal, não há nada igual.

[284] Os sucessos cheios de suingue de Tim Maia, como "Não quero dinheiro (Só quero amar)", "Vale tudo", "O descobridor dos sete mares" e, claro, "Do Leme ao Pontal".

[285] A estátua de Tim Maia, na Praça Afonso Pena, na Tijuca, para tirar foto ao lado.

[286] O *flyboard* é uma novidade recente no cardápio de esportes aquáticos do Rio. O praticante fica numa pequena prancha, que é ligada por uma mangueira a um *jet ski*. Quando o *jet ski* é acionado, a pressão da água que ele movimenta pela mangueira faz a prancha - e o praticante - voarem.

[287] O projeto Dançando para Não Dançar, que leva aulas de balé gratuitas a crianças de várias comunidades do Rio.

[288] Churrascarias rodízio: picanha, maminha, fraldinha, linguiça, coração de galinha, lombinho, cupim...

[289] Fazer um passeio de barco pelas águas da Baía de Guanabara. Passar por baixo da ponte Rio-Niterói é emocionante.

[290] Jofre Soares e Miriam Pires no filme *Chuvas de verão*, de Cacá Diegues.

[291] As comédias de costumes de Martins Pena.

[292] Os bem-elaborados castelos feitos pelos escultores de areia da praia de Copacabana. Mas aquelas mulheres de bumbum para cima não são legais, não.

[293] Na Barra da Tijuca também tem castelos de areia, na altura da Barraca do Pepê.

[294] O conjunto habitacional Pedregulho, de 1952, com projeto de Affonso Eduardo Reidy, em Benfica.

[295] O canto das cigarras no fim de tarde.

[296] Os temas contundentes na obra da artista plástica Rosana Palazyan, carioca do Engenho de Dentro.

[297] Zico, o Galinho de Quintino, o maior ídolo da história do Flamengo.

[298] Ser carioca é ouvir uma gíria nova antes de ela ir parar na novela das nove.

[299] E, talvez, ter inventado essa gíria.

[300] A Igreja Nossa Senhora da Penna, na Freguesia, em Jacarepaguá, concluída em 1642, no alto de um rochedo do qual é possível admirar parte da Zona Oeste, as lagoas da Barra da Tijuca, o mar e as montanhas.

[301] O bloco de Carnaval Cacique de Ramos, que existe desde 1961 e ajudou a revelar nomes como Zeca Pagodinho, Arlindo Cruz, Jorge Aragão, Jovelina Pérola Negra e Almir Guineto.

[302] O glamour do hotel Copacabana Palace, desde 1923 na praia de Copacabana.

[303] A mítica piscina onde nadaram Lady Di e tantas outras celebridades.

[304] O talharim verde gratinado com presunto do restaurante Cipriani, com vista para a piscina do Copa.

[305] A galeria de fotos de hóspedes ilustres do hotel, como Walt Disney, Marlene Dietrich, Carmen Miranda, Errol Flynn, Anita Ekberg e Santos Dumont.

[306] O concorrido baile de Carnaval *black-tie*, ou simplesmente Baile do Copa, com seu tapete vermelho que leva ao delírio a turma do sereno.

[307] Alguns astros internacionais que passaram pelo hotel nos últimos tempos: Mick Jagger, Hugh Jackman, Katy Perry, Will Smith, Tom Cruise...

[308] A estátua do colunista social Ibrahim Sued, que fica bem na entrada do Copa.

[309] O dialeto criado por Ibrahim Sued, o Turco, que marcou época com expressões como "sorry, periferia"; "champanhota"; "geração pão-com-cocada"; "kar" (elegante); "shangay" (cafona) e "Ademã, que eu vou em frente".

[310] A Dolores Duran de "A noite do meu bem", "Por causa de você", "Fim de caso", "Estrada do sol"...

[311] O Rio tem mais de 400 quilômetros de ciclovias e ciclofaixas.

[312] E, em várias localidades, é possível alugar bicicletas a preços simpáticos, com o uso apenas de um aplicativo de celular.

[313] A voz inconfundível de Alcione.

[314] Os mirantes da Vista Chinesa e da Mesa do Imperador, de onde se vê boa parte da Zona Sul.

[315] Correr na orla (ou em qualquer outro lugar, como em volta do Maracanã, por exemplo) é uma das principais atividades de quem gosta de fazer exercícios ao ar livre.

[316] E que beleza é ver que, às 5 horas da manhã, já tem gente se exercitando na cidade.

[317] Muitas vezes são pessoas de idade bem avançada, mas que, nem por isso, perdem o gás.

[318] O bacalhau à lagareiro do Adegão Português, em São Cristóvão.

[319] O Palácio Laranjeiras, erguido pela família Guinle, em 1914. É a residência oficial do governador do estado do Rio, embora há muito tempo nenhum deles more lá.

[320] Quer fazer naturismo? No Rio, tem uma praia só para isso: a do Abricó.

[321] As charges do Chico Caruso.

[322] Djavan cantando "Meu bem-querer", "Sina", "Flor de lis", "Oceano"...

"O Theatro Municipal tem aquela aura mágica de templo da nossa cultura. Sempre que dá, vou lá me abastecer de boa música. Vale um passeio pelos salões, pelo Assyrio e pela área externa do prédio. Ainda me lembro da noite maravilhosa em que assisti ao mestre Paco de Lucía, pouco antes de sua morte. Vê-lo no palco do Municipal foi uma emoção em dobro, que ficará para sempre na minha memória."

Ana Carolina,
cantora e compositora

[323] As salas de espetáculo da Cidade das Artes, na Barra da Tijuca, com projeto do renomado arquiteto francês Christian de Portzamparc.

[324] Carioca é "sangue bom"!

[325] As velas de *windsurfe* na praia da Barra da Tijuca e na Lagoa de Marapendi.

[326] O clima europeu das Casas Casadas, de 1883, em Laranjeiras.

[327] Fátima Bernardes, carioca de Vaz Lobo.

[328] As empadinhas de camarão e de palmito do restaurante Salete, na Tijuca.

[329] A mostra de decoração Casa Cor.

[330] Tomar um chope no Bar Luiz, fundado em 1887, na rua da Carioca, no Centro.

[331] Cariocas até pedem "desculpa", mas também dizem "foi mal".

[332] As fotos de Gustavo Malheiros que mostram personagens populares das ruas do Rio nos livros *Anônimos famosos* e *Anônimos + famosos*.

[333] Tem o Ademir do Sax, do Largo da Carioca; Anamaria Carvalho, a Mulher de Branco, de Ipanema; o Zé das Medalhas, da Farmácia do Leme; o seu Francisco das Rosas, que vendia flores no Baixo Leblon; Ivy de Lima, a Xuxa nos sinais de trânsito da Barra da Tijuca...

[334] O Pão de Açúcar.

[335] Inaugurado em 1912, o bondinho que leva os visitantes ao Morro da Urca, na etapa inicial do passeio, foi o primeiro teleférico do Brasil – e o terceiro do mundo. No ano seguinte, ele chegou também ao topo do Pão de Açúcar.

[336] Lá de cima, dá para ver toda a praia de Copacabana, a Baía de Guanabara, o Corcovado, a Pedra da Gávea, Niterói...

[337] No Anfiteatro do Morro da Urca já rolaram altas festas, principalmente nos anos 1980, quando lá funcionava a inesquecível casa de shows Noites Cariocas.

[338] Os morros da Urca e do Pão de Açúcar possuem, juntos, mais de 150 vias de escalada.

[339] Aliás, existe cidade melhor do que o Rio para praticar escalada? Além do Pão de Açúcar, tem o costão do Corcovado, o Corte do Cantagalo, a Agulhinha da Gávea...

[340] Os antigos – e luxuosos – desfiles de fantasia de Carnaval do Hotel Glória, cuja maior estrela era o carnavalesco Clóvis Bornay.

[341] "Se alguém quer matar-me de amor/ Que me mate no Estácio...", trecho da música "Estácio, holly Estácio", de Luiz Melodia.

[342] A piscina no terraço do Hotel Fasano tem a vista mais linda que se pode ter das praias de Ipanema e Leblon juntas.

[343] Os petiscos da Adega Pérola, boteco de 1957, em Copacabana. O carro-chefe é o rolinho de sardinha marinada com cebola.

[344] A Banda de Ipanema, principal instituição do Carnaval de rua da Zona Sul carioca, que atrai cerca de 100 mil pessoas a cada desfile. Existe desde 1965.

[345] As *drag queens* da Banda de Ipanema.

[346] O deslumbrante Castelo de Manguinhos, em estilo neomourisco, que abriga a Fundação Oswaldo Cruz. É de 1918.

[347] As imagens do Rio de Janeiro em infravermelho do fotógrafo Renan Cepeda.

[348] O teatro de Nelson Rodrigues, que é um mergulho na alma do homem comum do subúrbio.

[349] A estreia de sua peça *Vestido de noiva*, em 1943, sob a direção de Ziembinski, no Theatro Municipal do Rio de Janeiro, é considerada o marco inaugural do moderno teatro brasileiro.

[350] Não é à toa que vários textos seus viraram também filmes – e, neles, o Rio é sempre um cenário de destaque.

[351] Darlene Glória como a Geni de *Toda nudez será castigada*, dirigido por Arnaldo Jabor.

[352] Ney Latorraca e Tarcísio Meira em *O beijo no asfalto*, de Bruno Barreto.

[353] Fernanda Montenegro como a Zulmira de *A falecida*, na adaptação para o cinema de Leon Hirszman.

[354] Jece Valadão no papel-título de *Boca de ouro*, com direção de Nelson Pereira dos Santos.

[355] Lucélia Santos em *Bonitinha mas ordinária*, filme de Braz Chediak.

[356] E, é claro, Sonia Braga em *A dama do lotação*, uma história da série *A vida como ela é*. O filme é de Neville d'Almeida.

[357] As crônicas esportivas de Nelson Rodrigues, que era tricolor "desde vidas passadas", também fizeram sua fama com a coluna "À sombra das chuteiras imortais".

[358] Gols estranhos e improváveis eram obra, segundo ele, do "Sobrenatural de Almeida". Aqueles gols quase certos, mas que não aconteciam, também levavam a marca do personagem.

[359] Nelson Rodrigues também era um frasista de mão-cheia. Alguns exemplos: "Dinheiro compra tudo. Até amor verdadeiro"; "Tarado é toda pessoa normal pega em flagrante"; "Só o inimigo não trai nunca"; "Se todos conhecessem a intimidade sexual uns dos outros, ninguém cumprimentaria ninguém".

[360] E aquelas sobre o Fluminense: "O Fluminense é o único time tricolor do mundo. O resto são só times de três cores"; "Grandes são os outros, o Fluminense é enorme"; "Se o Fluminense jogasse no céu, eu morreria para vê-lo jogar".

[361] A praia de Ipanema. Se Copacabana for mesmo a praia mais famosa do mundo, Ipanema está em segundo lugar.

[362] A Bienal do Livro, no Riocentro, em Jacarepaguá. A cada dois anos (sempre no ano ímpar), o evento atrai cerca de 650 mil visitantes.

"Minha paixão é a Lagoa Rodrigo de Freitas. Tenho total domínio daquele lugar. Vejo o Rio de Janeiro, os passarinhos, as capivaras, conheço as pessoas que vendem água de coco... Gosto de todos os quiosques: o árabe, o de moquecas, o Palaphita Kitch. É a minha segunda casa. Vou todos os dias! A melhor coisa do mundo é viajar, voltar para o Rio e dar de cara com aquela paisagem da Lagoa. É tão linda que tem até formato de coração."

Ney Latorraca, ator

[363] Virgínia Lane, a Vedete do Brasil, título que recebeu do presidente Getúlio Vargas.

[364] Correr na areia fofa. Especialistas dizem que é um ótimo exercício para o desenvolvimento da musculatura.

[365] Gal Costa cantando "Baby", "Folhetim", "Vapor barato", "Meu bem, meu mal"...

[366] A praia do Perigoso é um paraíso secreto – e deserto – ao qual só se chega por uma trilha de mais de um quilômetro. Fica na Barra de Guaratiba.

[367] A picanha com arroz de brócolis, farofa de banana e batata portuguesa do Braseiro da Gávea, que fica, naturalmente, na Gávea.

[368] As palmeiras imperiais da rua Paissandu, no Flamengo, que começaram a ser plantadas nos anos 1850.

[369] As caricaturas de Nássara. Sabia que ele também era compositor e fez, com Haroldo Lobo, a marchinha de Carnaval "Allah-la-ô"?

[370] O projeto Roteiros Geográficos do Rio, passeios-aula gratuitos por pontos históricos da cidade.

[371] O filme *Cidade de Deus*, de Fernando Meirelles.

[372] As novelas mais recentes do autor Aguinaldo Silva passaram a ter o Rio como cenário. Nelas, grandes atores e atrizes brindaram o público com trabalhos memoráveis.

[373] Diogo Vilela como o vidente Uálber, de *Suave veneno*.

[374] Susana Vieira como a nordestina cheia de fibra Maria do Carmo, que inicia nova vida no Rio de Janeiro, em *Senhora do destino*.

[375] Sua inimiga era a vilã Nazaré Tedesco, interpretada por Renata Sorrah, que jogava seus inimigos do alto da escada de sua casa, no Bairro Peixoto, em Copacabana.

[376] José Wilker foi o apaixonado – e atrapalhado – bicheiro Giovanni Improtta, também em *Senhora do destino*.

[377] Flávia Alessandra como a dançarina de pole dance Alzira na novela *Duas caras*.

[378] A dupla formada por Christiane Torloni e Marcelo Serrado, a Tereza Cristina e o Crô, patroa e empregado que moravam numa mansão na Barra da Tijuca, na novela *Fina estampa*.

[379] Alexandre Nero, o comendador José Alfredo, alvo da paixão de Cora, a megera de Santa Teresa vivida por Drica Moraes, em *Império*.

[380] Zezé Polessa como a alpinista social Magnólia, também em *Império*.

[381] E, ainda na mesma novela, Paulo Betti como o fofoqueiro Téo Pereira.

[382] O frango ao curry, com legumes, cogumelos, gengibre e capim-limão do restaurante Zazá Bistrô Tropical, em Ipanema.

[383] As casas de suco espalhadas por toda a cidade. Não é em qualquer lugar que se encontra fruta espremida na hora assim.

[384] O samba "Folhas secas", de Nelson Cavaquinho e Guilherme de Brito.

[385] A praia gay, em Ipanema, em frente à rua Farme de Amoedo.

[386] A rica programação musical do Teatro Rival, no Centro, sob a coordenação das atrizes Ângela Leal e Leandra Leal, mãe e filha.

[387] As charges do cartunista Ique.

[388] Renato Gaúcho, o ex-jogador do Fluminense que, desmentindo o próprio nome, é mais carioca que muitos cariocas.

[389] “O hotel Marina quando acende/ Não é por nós dois/ Nem lembra o nosso amor/ Os inocentes do Leblon/ Esses nem sabem de você...”, trecho da música “Virgem”, de Marina Lima e Antonio Cicero.

[390] O Surf Bus, ônibus com capacidade para levar várias pranchas de surfe, que, quatro vezes por dia, faz o percurso das praias entre Botafogo e Prainha.

[391] A Mata Atlântica.

[392] A poesia de Vinicius de Moraes, carioca da Gávea.

[393] Tom Jobim, carioca da Tijuca, o artista brasileiro mais conhecido no mundo.

[394] A Casa Villarino, no Centro do Rio, onde, em 1956, Tom Jobim foi apresentado a Vinicius de Moraes pelo jornalista Lúcio Rangel.

[395] Desse contato dos dois, saiu a parceria para Tom musicar a peça *Orfeu da Conceição*, de Vinicius – e daí surgiu praticamente toda a bossa nova.

[396] Como dizia Vinicius, a vida é mesmo a arte do encontro.

[397] A bossa nova.

[398] A batida do violão e o canto sussurrado de João Gilberto.

[399] João Gilberto cantando “Chega de saudade”.

[400] A maneira única como a turma da bossa nova homenageou o Rio em tantas canções.

[401] O “Samba do avião”, de Tom Jobim, em que ele diz que sua alma canta ao ver o Rio de Janeiro. É de fazer chorar de emoção.

[402] A voz classuda de Elizeth Cardoso, a Divina.

[403] Na canção “Carta ao Tom 74”, que imortalizou o endereço da rua Nascimento Silva, 107, Toquinho e Vinicius de Moraes lembram um tempo em que Ipanema era só felicidade.

[404] Foi lá que Tom ensinou para Elizeth Cardoso as canções do disco *Canção do amor demais*, um marco da bossa nova.

[405] A “Sinfonia do Rio de Janeiro”, de Tom Jobim e Billy Blanco.

[406] Nara Leão, um banquinho, um violão. E os joelhos de fora, naturalmente.

[407] Nara cantando “Corcovado”. E, se possível, vendo da janela o Redentor. Que lindo!

[Cristo Redentor]

[408] Na letra genial de “Ligia”, Tom Jobim finge não gostar de uma mulher. E diz que com ela não faria algumas coisas que, na verdade, ele adorava, como tomar um chope em Copacabana ou andar pela praia até o Leblon.

[409] As várias outras deliciosas canções da bossa nova, como, “Desafinado”, “Eu sei que vou te amar”, “Samba de uma nota só”, “Águas de março”, “A felicidade”, “Meditação”, “O barquinho”...

[410] As boates do Beco das Garrafas, em Copacabana, onde se ouvia bossa nova nos anos 1960.

[411] Tom e Vinicius cantando “Garota de Ipanema”.

[412] Helô Pinheiro, a garota de Ipanema que inspirou Tom e Vinicius.

[413] Todas as garotas de Ipanema.

[414] Todas as garotas cariocas.

[415] O filé com queijo e abacaxi do restaurante Cervantes, em Copacabana. Mas tem muita gente que tira o abacaxi – faz parte do ritual.

[416] A capela de Nossa Senhora do Desterro, de 1628, bem em frente ao mar, em Pedra de Guaratiba.

[417] Ter uma hora de sol a mais para fazer atividades ao ar livre quando chega o horário de verão.

[418] Cariocas falam "merrrmão". Traduzindo: "meu irmão".

[419] A Ação da Cidadania Contra a Fome, a Miséria e Pela Vida, criada, em 1993, pelo sociólogo Herbert de Souza, o Betinho, que tinha um lema brilhante: "Quem tem fome tem pressa".

[420] As coreografias de Deborah Colker.

[421] O bloco de Carnaval Rola Preguiçosa, de Ipanema.

[422] Os sabores sem glúten e sem lactose (manga com gengibre, goiaba, damasco, melancia com framboesa etc.) do Sorvete Brasil.

[423] As óperas de Carlos Gomes.

[424] Os casarões centenários da rua Almirante Alexandrino, em Santa Teresa.

[425] Os sambas de Zeca Pagodinho.

[426] A tirinha *Urbano, o aposentado*, publicada desde 1986 por Antônio Silvério, em *O Globo*.

[427] A imponência da Pedra da Gávea. Tem 842 metros de altura e é o maior bloco de pedra à beira-mar do planeta.

[428] Quem olha a Pedra da Gávea a partir da Barra da Tijuca consegue enxergar a figura de um gigante deitado com as mãos apoiadas sobre o peito.

[429] As trilhas que levam ao alto da Pedra da Gávea, especialmente a que vai até a Garganta do Céu, uma fenda na rocha de onde se veem emoldurados São Conrado, o Morro Dois Irmãos, a Lagoa Rodrigo de Freitas e o mar – é claro.

[430] Quem tem preparo físico – e coragem – enfrenta também a trilha Carrasqueira, que leva ao topo da Pedra da Gávea. De lá, dá para avistar o Corcovado, o Pão de Açúcar, a Baía de Guanabara e, do outro lado, a Barra da Tijuca.

[431] Leônidas da Silva, o Diamante Negro, que jogou no São Cristóvão, no Bonsucesso, no Vasco, no Botafogo e no Flamengo. É considerado o inventor do chute de bicicleta e foi a estrela da Seleção Brasileira na Copa da França de 1938.

[432] As festas juninas que acontecem nos clubes, igrejas e ruas da Zona Norte e da Zona Oeste com todas as suas características divertidas e originais.

[433] Pular a fogueira.

"A laje do Vidigal tem uma visão privilegiada de toda a cidade. As pessoas não têm noção da alegria que é o Vidigal! Em especial a vista linda que se tem da laje, lá no alto. É uma sensação de paz indescritível! É emocionante olhar a natureza e sua grandeza lá de cima."

Susana Vieira, atriz

[434] Fantasia de caipira, com direito a chapéu de palha, remendos costurados na roupa e maquiagem exagerada.

[435] Dançar quadrilha. As coreografias são inacreditáveis de tão elaboradas.

[436] Comer canjica, beber quentão e assar batata-doce na fogueira.

[437] Batida de coco, de pitanga, de maracujá, de limão, de morango...

[438] Brincar de quebrar a moringa, equilibrar o ovo na colher, pescaria, bingo e corrida do saco.

[439] As feirinhas de antiguidades da Gávea, da Praça XV e da rua do Lavradio.

[440] O bacalhau à Gomes de Sá do restaurante O Rei do Bacalhau do Encantado, que fica, lógico, no Encantado.

[441] Fazer um passeio de barco até as Ilhas Cagarras, de frente para a praia de Ipanema. São sete ilhas e rochedos: Cagarra, Laje da Cagarra, Filhote da Cagarra, Comprida, Praça Onze, Matias e Palmas.

[442] O ator Wilson Grey, um recordista do cinema nacional, com mais de 250 filmes no currículo.

[443] O bloco de Carnaval Sargento Pimenta, que toca músicas dos Beatles em ritmo de samba, no Aterro do Flamengo.

[444] As exposições sempre campeãs de público do Centro Cultural Banco do Brasil (CCBB), no Centro.

[445] A pintura surrealista de Ismael Nery.

[446] Marisa Monte cantando "Bem que se quis", "Beija eu", "Alta noite", "Ainda bem", "Infinito particular"...

[447] Os artistas plásticos da famosa exposição *Como vai você, Geração 80?*, que sacudiu o Parque Lage em 1984: Daniel Senise, Barrão, Leonilson, Luiz Zerbini, Jorge Guinle, Leda Catunda, Luiz Pizarro e tantos outros.

[448] Machado de Assis, carioca do Morro do Livramento, na Zona Portuária. É considerado o mais importante escritor brasileiro.

[449] A narrativa revolucionária de *Memórias póstumas de Brás Cubas*.

[450] *Dom Casmurro* e o enigma de Capitu.

[451] Machado foi o primeiro presidente da Academia Brasileira de Letras (ABL), fundada em 1897.

[452] O prédio da ABL, no Centro, é uma reprodução do Petit Trianon, do Palácio de Versalhes, nos arredores de Paris, e foi doado à instituição pelo governo francês em 1923.

[453] O verde e o dourado – são fios de ouro! – do fardão dos imortais.

[454] O slogan, numa placa, que os motoristas liam ao chegar à Barra da Tijuca, via Elevado do Joá, nos anos 1980 e 1990: "Sorria! Você está na Barra". Bem que podia voltar!

[455] Roberto Dinamite, o maior ídolo da história do Vasco.

[456] A tranquilidade do bairro da Urca. Foi ali, entre o Morro Cara de Cão e o Pão de Açúcar, que o Rio foi fundado por Estácio de Sá, em 1565.

[457] O local exato da fundação da cidade fica na Praça da Fundação, dentro da Fortaleza de São João, que pode ser visitada mediante agendamento.

[458] A pizza margherita gourmet, com muçarela de búfala artesanal, da pizzaria Capricciosa, no Jardim Botânico.

[459] O baile de charme e *hip-hop* do Viaduto de Madureira toda noite de sábado.

"Sugiro um lindo lugar no Rio: um fim de tarde nas Ilhas Tijucas, entre a Barra e São Conrado, chegando lá de *stand up paddle*. É um lugar incrível para recarregar as energias e entrar em contato com a natureza."

Deborah Secco, atriz

[460] "Solteiro no Rio de Janeiro/ Parado em qualquer praia/ Sou solto em qualquer lugar...", trecho da música "Tema de solteiro", de Toni Garrido, sucesso da banda Cidade Negra.

[461] "Celacanto provoca maremoto", pichação nos muros cariocas na década de 1970. Chegou-se a pensar que era uma troca de mensagens entre grupos guerrilheiros contra a ditadura, mas não era nada.

[462] Grafitar é permitido na cidade: existe até o Dia Municipal do Grafite, em 27 de março. Mas pichação não pode.

[463] Os personagens do coletivo Trapa Crew, que fazem sucesso nos muros da Tijuca.

[464] O maior grafite a céu aberto do Rio, na lateral do hotel Marina Palace, no Leblon, com 75 metros de altura, leva a assinatura do grafiteiro Toz.

[465] O personagem de queixo pontudo nos desenhos do grafiteiro Marcelo Eco.

[466] As mensagens do Oráculo Project, que aparecem pintadas em vários pontos da cidade. "Pare aqui, aprecie a vida por um minuto e sorria" e "Corra, corra e nunca olhe para trás" são duas delas.

[467] Os anjos do grafiteiro Wark, carioca da Rocinha.

[468] O sanduíche de salada de atum do Polis Sucos, em Ipanema. E um suco de manga para acompanhar.

[469] O bloco carnavalesco Cordão da Bola Preta, que existe desde 1918 e leva 1 milhão de pessoas ao Centro.

[470] No Rio, biscoito não é bolacha. É "bixcoito" mesmo.

[471] Um passeio de bicicleta pelas ruas sem carros de Paquetá, a Ilha dos Amores, na Baía de Guanabara

[472] Angélica e as locações maravilhosas da cidade que ela apresenta no programa *Estrelas*.

[473] A Colônia dos Pescadores do Posto 6, em Copacabana, que está ali há mais de 100 anos com seus barquinhos à beira-mar. Um toque de antigamente na loucura do dia a dia.

[474] O bolinho de arroz com queijo e linguiça do Bar do Momo, na Tijuca.

[475] Nívea Maria e Mário Cardoso e o romance impossível de seus personagens na novela *A moreninha*, de Marcos Rey, baseada na obra de Joaquim Manuel de Macedo e rodada em Paquetá.

[476] “Em Paquetá se a lua cheia/ Faz renda de luz por sobre o mar/ A alma da gente se incendeia...”, trecho de “Fim de semana em Paquetá”, de Braguinha e Alberto Ribeiro.

[477] As músicas de João de Barro, o Braguinha, como “Carinhoso” (parceria com Pixinguinha), “Pastorinhas” (com Noel Rosa) e “Yes, nós temos bananas” (com Alberto Ribeiro).

[478] Katia Flávia, a Godiva de Irajá, personagem inesquecível da música de Fausto Fawcett, que era procurada pela polícia de Madureira, de Deodoro, de São Cristóvão, de Bonsucesso, de Benfica e de tantos outros bairros.

[479] São Sebastião é o padroeiro do Rio de Janeiro. E no seu dia, 20 de janeiro, é feriado na cidade.

[480] “Pelo telefone”, de Donga e Mauro de Almeida, foi o primeiro samba gravado em disco, em 1916, na voz do cantor Baiano, no quintal da casa da Tia Ciata, na Praça Onze.

[481] Cariocas adoram dizer que moram na cidade onde os outros passam férias. Mas não é que é verdade?

[482] Comprar flores nas primeiras horas da manhã no Cadeg, o Centro de Abastecimento do Estado da Guanabara, em Benfica.

[483] O Parque da Catacumba, na Lagoa Rodrigo de Freitas, onde dá para praticar arvorismo e tirolesa.

[484] No mesmo parque, há uma trilha leve até o topo de uma colina, de onde se veem toda a Lagoa, as praias de Ipanema e Leblon, o Jardim Botânico e o Corcovado.

[485] Jacob do Bandolim, carioca de Laranjeiras.

[486] Baile de gafieira.

[487] Chacrinha, sua buzina, o bacalhau e o grito de guerra "Terezinhaaa!". O auditório respondia "Uú! Uú!".

[488] Os nomes inspiradíssimos das chacretes: Rita Cadillac, Fátima Boa Viagem, Ester Bem-Me-Quer, Regina Polivalente, Fernanda Terremoto, Suely Pingo de Ouro...

[489] "Quem não se comunica se trumbica", o principal bordão do Chacrinha.

[490] Elke Maravilha, a mais famosa – e esfuziante – jurada do show de calouros do Velho Guerreiro.

[491] A estátua de Chacrinha, com bacalhau na mão e tudo, no bairro do Jardim Botânico, perto de onde ele gravava seu programa da TV Globo.

[492] "Botafogo, Botafogo, campeão desde 1910/ Foste herói em cada jogo...", trecho de "Marcha do Botafogo", hino não oficial do clube, de Lamartine Babo.

[493] O arroz de rabada do restaurante Laguiole, no Museu de Arte Moderna, no Centro.

[494] Anitta, a queridinha do novo pop brasileiro, carioca de Honório Gurgel.

[495] O bucólico Largo do Boticário, no Cosme Velho, que merece uma restauração já!

[496] O gingado do carioca.

[497] No Rio, quem não gosta de samba bom sujeito não é.

[498] O Parque das Ruínas, em Santa Teresa, antigo palacete da mecenas Laurinda Santos Lobo, que passou anos abandonado depois de sua morte, em 1946. É, desde 1993, um espaço para shows e exposições.

[499] Chico Anysio e seus tipos inesquecíveis: Professor Raimundo, Alberto Roberto, Bozó, Professor Raimundo, Painho, Bento Carneiro, Salomé, Justo Veríssimo...

[500] O Museu Seleção Brasileira, na Barra da Tijuca, com os troféus e todas as camisas já usadas pela Seleção.

"O Rio é uma cidade especial para os enamorados. Tem muitos atrativos! Um bom programa para os casais sensíveis é um passeio pelo horto Chácara Tropical, no Itanhangá. Depois de se encantar com as plantas de muitas espécies e flores de todos os tons, recomendo almoçar no restaurante Gourmet Tropical, dentro do próprio horto. A cozinha é de muito boa qualidade, e eles servem também um florido café da manhã."

Martinho da Vila,
cantor e compositor

[501] A Igreja da Penha, no alto de uma rocha, no coração do subúrbio.

[502] Subir os 382 degraus da escadaria esculpida na pedra que leva ao santuário. Para pagar promessa (de joelhos?) ou não.

[503] O Parque Shanghai, com seus brinquedos antigos, como carrossel e trem fantasma, aos pés da Igreja da Penha.

[504] E que saudade do Tivoli Park, que ficava às margens da Lagoa Rodrigo de Freitas.

[505] O atum semicru com tagliatelle de pupunha do restaurante Zuka, no Leblon.

[506] "Ó o auê aí, ô!" Sim, é uma frase inteira sem consoantes. E, sim, é pura carioquice.

[507] O Hangar do Zeppelin, de 1936, na Base Aérea de Santa Cruz. É considerado o hangar de dirigíveis mais bem-conservado do mundo.

[508] O filme *Central do Brasil*, de Walter Salles.

[509] Os "Choros" e as "Bachianas brasileiras" do maestro Heitor Villa-Lobos, carioca de Laranjeiras.

[510] Um dia de surfe na Prainha. E a possibilidade de esbarrar com Rodrigo Hilbert ou Paulinho Vilhena, frequentadores do local.

[511] A paisagem do mar que se descortina a cada curva da estrada do Pontal e da avenida Estado da Guanabara, que levam à Prainha e ao Grumari.

[512] Que lugar melhor para se comer uma feijoada do que um restaurante chamado Casa da Feijoada? Fica em Ipanema e funciona todos os dias, no almoço e no jantar.

[513] "Uma feijoada só é completa quando tem ambulância na porta", dizia o cronista Sérgio Porto, o Stanislaw Ponte Preta.

[514] Stanislaw Ponte Preta e o seu Febeapá, ou Festival de Besteiras que Assola o País.

[515] As Certinhas do Lalau.

[516] A jornalista Glória Maria, carioca de Vila Isabel.

[517] Além das Olimpíadas, o Rio recebeu eventos gigantescos nos últimos anos, como a Copa do Mundo de 2014, a Jornada Mundial da Juventude, em 2013, a Conferência Rio+20, em 2012, e os Jogos Pan-Americanos de 2007.

[518] Dizem que, após seis dias criando o mundo, foi no Rio de Janeiro que Deus descansou.

[519] A reurbanização da nova Praça Mauá, no Centro, principalmente após a demolição do Elevado da Perimetral.

[520] Os traços arrojados do Museu do Amanhã, com projeto do arquiteto espanhol Santiago Calatrava, símbolo da nova Praça Mauá.

[521] O MAR, Museu de Arte do Rio, que, com o Museu do Amanhã, faz dobradinha na revitalização da Zona Portuária.

[522] O principal objetivo do MAR, como já sugere seu nome por extenso, é discutir a cidade por meio de diferentes formas de manifestações artísticas.

[523] A batata frita com linguiça calabresa e alho do Manoel & Juaquim. Há filiais do bar em vários bairros da cidade.

[524] Voar de asa-delta ou de parapente.

[525] Se não tiver coragem de voar, a vista de São Conrado, a partir da rampa da Pedra Bonita, de onde ocorrem os saltos, já vale a ida até lá.

[526] Ver o pouso das asas-deltas na praia do Pepino também é um programão.

[Asa-delta em São Conrado]

[527] Os biguás, frangos-d'água e savacus da Lagoa Rodrigo de Freitas.

[528] Jorge Ben Jor cantando "País tropical", "Salve simpatia", "Que maravilha", "Mas que nada"...

[529] "Eu vou chamar o síndico. Tim Maia!", trecho da música "W/Brasil", de Jorge Ben Jor.

[530] Marília Pêra, carioca do Rio Comprido.

[531] De boa parte da Zona Norte, dá para ver, lá na Serra dos Órgãos, o imponente pico Dedo de Deus, com seus 1.692 metros de altura.

[532] Os personagens Radical Chic e Gatão de Meia Idade, do cartunista Miguel Paiva.

[533] Nas redes sociais, a hashtag #errejota faz o maior sucesso.

[534] O nhoque com recheio de salame e ricota do restaurante Ettore, na Barra da Tijuca.

[535] Ana Carolina cantando "Quem de nós dois", "É isso aí", "Rosas", "Elevador", "Combustível"...

[536] O Cristo Redentor. Desde 1931, de braços abertos sobre a Guanabara. Poucas cidades têm um símbolo tão marcante.

[537] A estátua foi eleita, em 2007, uma das Sete Maravilhas do Mundo Moderno.

[538] Cortar a Floresta da Tijuca a bordo do Trem do Corcovado, que liga o bairro do Cosme Velho ao Cristo. A estrada de ferro, porém, é anterior ao monumento: foi inaugurada em 1884 pelo imperador dom Pedro II.

[539] A vista lá de cima é a melhor que se pode ter do Rio: vê-se quase toda a Zona Sul, a Zona Norte, a Baía de Guanabara, a Ponte Rio-Niterói...

[540] Melhor que isso, só um voo de helicóptero sobre a cidade. O período da manhã é o mais recomendado.

[541] Todas as vezes em que a iluminação noturna do Cristo muda de cor.

[542] Ele fica rosa por ocasião da campanha de conscientização contra o câncer de mama, em outubro.

[543] O Cristo também já foi iluminado de azul pelo Dia Mundial do Combate ao Câncer de Próstata e pelo Dia Mundial de Conscientização do Autismo.

[544] E verde foi a cor escolhida para o Dia Nacional de Combate ao Glaucoma.

[545] O dia, em 1991, em que o humorista Renato Aragão subiu até a mão direta do Cristo para beijá-la. Tudo foi filmado de um helicóptero pela TV Globo. A ideia era divulgar o projeto Criança Esperança.

[546] O Cristo domina a paisagem carioca de maneira tal que os versos "Da janela vê-se o Corcovado/ O Redentor, que lindo!", da música "Corcovado", de Tom Jobim, valem para quase todo lugar. Da Zona Sul à Zona Norte, passando pelo Centro, é possível admirá-lo. Mesmo que, às vezes, a uma boa distância.

[547] Ver a lua cheia praticamente pousada atrás do Cristo.

[548] Símbolo de toda a cidade, o monumento inspirou até o nome de um irreverente bloco de Carnaval, o Suvaco do Cristo, que desfila no bairro do Jardim Botânico.

[549] Os sambas divertidos de Dicró.

[550] As crônicas do escritor Rubem Braga no livro *Ai de ti, Copacabana*.

[551] Partiu praia. Que, no dialeto carioca, significa algo como "Vou à praia". Serve para qualquer coisa. Partiu?

"Meu Rio está demarcado entre a praia de Ipanema, meu templo, e a Lagoa, de onde se vê o Cristo abençoando a cidade. Na Lagoa, há vários restaurantes no Lagoon – e o Clube Caiçaras, que fica numa ilha. Já na praia, tem a Casa de Cultura Laura Alvim, de frente para o mar. Na rua Vinicius de Moraes, além do bar Garota de Ipanema, onde foi criada a música por Tom e Vinicius, tem a butique de moda praia Garota de Ipanema. O Rio é aconchegante porque o carioca é a coisa mais linda e cheia de graça."

Helô Pinheiro,
empresária, apresentadora e
eterna Garota de Ipanema

[552] O teleférico do Complexo do Alemão.

[553] Xuxa Meneghel e a fundação que leva seu nome, que atende crianças e adolescentes em situação de vulnerabilidade social em Pedra de Guaratiba.

[554] A cidade é uma eterna lançadora de modas e modismos. Aconteceu no Rio, o resto do país presta atenção.

[555] Engarrafamento no Rio tem vista. Para o mar, para as lagoas, para as montanhas...

[556] Tomar um chope no Baixo Gávea, o famoso BG. O bar Hipódromo é o mais tradicional de lá.

[557] "No fim de semana de noite na Barra/ Procurando vaga de noite na Barra...", trecho da música "Cada um, cada um (A namoradeira)", de Ronaldo Barcellos, cantada por Claudio Zoli.

[558] Os fogos de artifício em Copacabana na noite de 31 de dezembro. São 16 minutos de espetáculo!

[559] Todo ano, cerca de 2 milhões de pessoas comparecem à festa. Sem falar em quem fica nos apartamentos da avenida Atlântica.

[560] Vestir branco na noite de Ano-Novo.

[561] Jogar flores no mar como oferenda a Iemanjá, seja qual for a sua religião.

[562] Ver os transatlânticos ancorados no mar de Copacabana na noite da virada.

[563] A cascata de fogos de artifício que caía sobre a fachada do antigo Hotel Le Meridien. Era um símbolo do Réveillon carioca. Aconteceu pela última vez no fim do ano 2000.

[564] Saudar e abraçar estranhos na rua faz parte da celebração. E quem não é carioca nem sempre entende isso...

[565] Observar o encantamento dos turistas que assistem ao espetáculo pela primeira vez. Ficam com cara de bobos.

[566] A maminha fatiada com arroz maluco do restaurante Giuseppe Grill, no Leblon.

[567] Cazuza cantando "Codinome Beija-flor", "O tempo não para", "Brasil", "Exagerado", "Faz parte do meu show"...

[568] O Zé Carioca.

[569] O Rio é cheio de pistas de skate. Tem no Aterro do Flamengo, Botafogo, Lagoa, Barra da Tijuca, Campo Grande, Ilha do Governador, Arpoador...

[570] A Biblioteca Parque Estadual, no Centro, com capacidade para receber 5 mil pessoas por dia.

[571] Ronaldo, o Fenômeno, carioca de Bento Ribeiro.

[572] A poesia de Manuel Bandeira.

[573] Tomar um chá na Confeitaria Colombo, no Centro, é como voltar no tempo, diretamente para 1894, quando a casa foi inaugurada.

[574] Cariocas são safados – naquilo que a safadeza tem de bom.

[575] Os antiquários do Shopping Cidade Copacabana, mais conhecido como Shopping dos Antiquários. Pena que já não sejam mais tantos quanto antes.

[576] O Rock in Rio, o maior festival de música do Brasil.

[577] Shows inesquecíveis de 1985: Lulu Santos, Queen, James Taylor, Rod Stewart, Whitesnake.

[578] Shows inesquecíveis de 1991: Guns N' Roses, Prince, A-Ha, George Michael, New Kids on the Block.

[579] Shows inesquecíveis de 2001: Cássia Eller, Iron Maiden, Oasis, R.E.M., Red Hot Chili Peppers.

[580] Shows inesquecíveis de 2011: Frejat, Rihanna, Stevie Wonder, Maroon 5, Coldplay.

[581] Shows inesquecíveis de 2013: Beyoncé, Florence and the Machine, Muse, Justin Timberlake, Bruce Springsteen.

[582] Shows inesquecíveis de 2015: Queen & Adam Lambert, Elton John, Metallica, Sam Smith, Katy Perry.

[583] "Hoje é dia de rock, bebê", frase da atriz Christiane Torloni que virou a cara do festival.

[584] E que saudade dos shows do Free Jazz Festival, que nos anos 1980 e 1990 brindou a cidade com apresentações de Chet Baker, Sarah Vaughan, Ray Charles, Nina Simone, Dizzy Gillespie, B.B. King e tantos outros.

[585] Os lagos e as cachoeiras do Mendanha e do Rio da Prata, em Campo Grande.

[586] O ônibus anfíbio Duck Tour. Sobre rodas, ele sai da Urca e cruza o Aterro do Flamengo até a Marina da Glória. Lá, simplesmente entra no mar e dá uma pequena volta pela Baía de Guanabara.

[587] A vibração dos bares, com mesas ao ar livre, da Travessa do Comércio e do Arco do Teles, no Centro.

[588] O gnocchetti de nozes gratinado com parmesão e presunto de Parma do restaurante Fiorino, na Tijuca.

[589] A igreja Nossa Senhora da Luz, no Alto da Boa Vista. Feche os olhos e finja que está numa cidadezinha dos Alpes suíços.

[590] A Orquestra Sinfônica Brasileira.

[591] Sim, Copacabana pode ser chamada de Copa. Mas Ipanema não é Ipa.

[592] As rodas de samba comandadas por Moacyr Luz no Samba do Trabalhador, no Clube Renascença, em Vila Isabel.

[593] Ivo Pitanguy, referência mundial em cirurgia plástica.

[594] A ArtRio, feira internacional de arte que reúne trabalhos de artistas de galerias do Brasil e do mundo.

[595] Dança de salão. Já foi mais popular, mas ainda é uma mania carioca.

[596] A geração da *TV Pirata*: Ney Latorraca, Regina Casé, Diogo Vilela, Cristina Pereira, Marco Nanini, Débora Bloch, Luiz Fernando Guimarães, Claudia Raia, Louise Cardoso e Guilherme Karan.

"Um passeio interessante para fazer no Rio é uma pequena rota de centros culturais e museus no Centro da cidade. Comece pela Caixa Cultural, que sempre tem mostras muito interessantes, depois veja alguma exposição no CCBB (a biblioteca de lá também é incrível) e termine o dia assistindo ao pôr do sol no terraço do MAR, o Museu de Arte do Rio."

Bruno Gagliasso, ator

[597] A Parada do Orgulho LGBT, que acontece desde 1995 na avenida Atlântica, em Copacabana.

[598] Em vários locais da cidade, tem sempre um campinho de futebol – e peladas no fim de semana.

[599] A Lapa é um dos principais pontos de encontro noturnos da cidade.

[600] É lá que se reúnem fãs de samba, *reggae*, forró, *rap*, rock, *hip-hop*... Mistura boa, tem de tudo!

[601] Dançar um samba no Rio Scenarium, um misto de casa de shows, restaurante e antiquário.

[602] Sem esquecer as outras boas casas da Lapa: Carioca da Gema, Lapa 40°, Sacrilégio, Mistura Carioca, Bar Semente e o tradicional Clube dos Democráticos, fundado em 1867.

[603] Os Arcos da Lapa. O antigo aqueduto do século XVIII é considerado a obra de maior porte do período colonial brasileiro. Hoje, funciona como trilho para o bondinho de Santa Teresa e domina a paisagem.

[604] A multicolorida Escadaria Selarón, toda azulejada pelo artista plástico chileno Jorge Selarón. Virou um cartão-postal da Lapa.

[605] Os shows de todos os tipos que lotam a Fundição Progresso e, principalmente, o Circo Voador.

[606] Sem falar na Sala Cecília Meireles, onde acontecem concertos de música clássica.

[607] "Aos pés de Santa Teresa/ A um passo da Glória/ Eu vou pra Lapa/ Porque Lapa tem história...", trecho de "Eu vou pra Lapa", de Serginho Meriti e Claudinho Guimarães, cantada por Alcione.

[608] Madame Satã, o valente malandro-transformista da Lapa, mito da vida marginal do bairro.

[609] Lázaro Ramos como o personagem-título do filme *Madame Satã*, de Karim Aïnouz.

[610] A vista da praia de Copacabana a partir do Posto 6, com sua curva sensual e o Pão de Açúcar na extremidade.

[611] Adalgisa Colombo, a primeira Miss do Rio de Janeiro a ser Miss Brasil. Em 1958.

[612] O bloco de Carnaval Parei de Beber, Não de Mentir, que desfila em Curicica.

[613] As instalações de Lygia Pape.

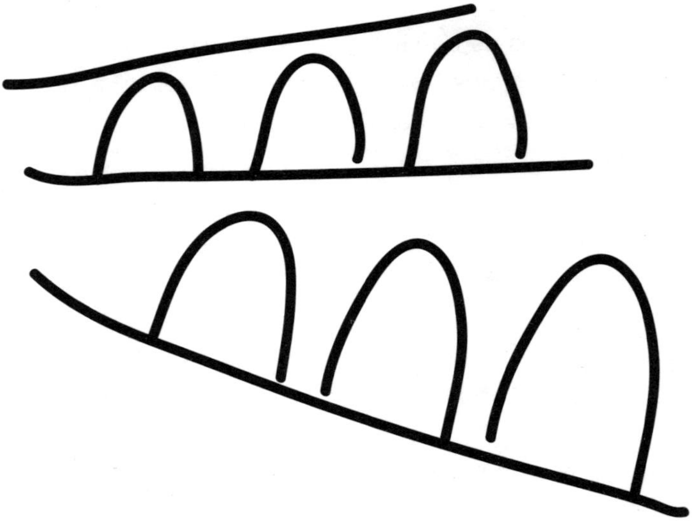

[ARCOS DA LAPA]

[614] O Centro Municipal Luiz Gonzaga de Tradições Nordestinas, popularmente conhecido como Feira de São Cristóvão.

[615] Dançar forró na Feira de São Cristóvão. Coladinho. Rosto com rosto, coxa com coxa.

[616] Fora as comidas típicas e o artesanato nordestino que são encontrados nas centenas de barraquinhas do lugar.

[617] A Fundação Eva Klabin, na Lagoa. A casa da colecionadora, com seus móveis e obras de arte, é uma pouco conhecida joia carioca.

[618] O Cartola de "O mundo é um moinho", "O sol nascerá" (parceria com Elton Medeiros), "Ensaboa", "Cordas de aço", "Alvorada" (com Carlos Cachaça e Hermínio Bello de Carvalho), e, naturalmente, "As rosas não falam".

[619] Ney Matogrosso e seu primoroso disco *Ney Matogrosso interpreta Cartola*.

[620] E, Ney, é claro, pode interpretar quem ele quiser.

[621] A praia do Diabo, escondidinha ali do lado do Arpoador.

[622] O risoto de frutos do mar do Sawasdee, no Leblon.

[623] O Maracanã.

[624] Assistir a um Fla x Flu no Maracanã.

[625] Fazer um tour pelo estádio é um programão. Dá para visitar um vestiário, o gramado e até marcar um gol.

[626] Torcidas organizadas – e como os cariocas adoram torcer e sofrer por seus times.

[627] A torcida do Flamengo, conhecida como Nação Rubro--Negra, é a maior do Rio de Janeiro.

[628] Depois da vitória, carioca bom torcedor veste a camisa do time no dia seguinte.

[629] "Domingo, eu vou ao Maracanã/ Vou torcer pro time que sou fã...", trecho da música "O campeão (Meu time)", de Neguinho da Beija-Flor.

[630] Fernanda Montenegro, carioca de Campinho.

[631] O Trem do Samba, que celebra, em 2 de dezembro, o Dia do Samba. No evento, um trem sai da Central do Brasil rumo a Oswaldo Cruz cheio de artistas que vão se apresentando no percurso.

[632] O humor politicamente incorreto do Porta dos Fundos, o canal de humor da internet.

[633] As redes de vôlei espalhadas por todas as praias do Rio.

[634] E tem o "vovôlei", apelido carinhoso dos jogos em que os participantes são homens mais velhos.

[635] Chegar ao Rio – seja voltando para casa ou indo visitar a cidade – é uma alegria.

[636] Que fica melhor ainda se a chegada for de avião, em dia de sol, com aterrissagem no Aeroporto Santos Dumont. Admirar a cidade do alto é um espetáculo.

[637] O bloco de Carnaval Timoneiros da Viola, que desfila em Madureira.

[638] Cariocas são muito receptivos a visitantes estrangeiros ilustres.

[639] Mas quando eles ficam muito tempo na cidade, frequentando os mesmos bares e restaurantes, surge logo um "Ih, mas lá vem fulano de novo!". Já aconteceu com Liza Minnelli, Jimmy Cliff, Dionne Warwick, Antonio Banderas...

[640] A Biblioteca Nacional, no Centro, com seus cerca de 9 milhões de livros e documentos, é a maior da América Latina.

[641] O volume mais antigo da biblioteca é a *Bíblia da Mogúncia*, de 1462, prensada poucos anos depois de Gutenberg ter inventado a imprensa.

[642] A procissão de São Sebastião, que vai da igreja dos Capuchinhos, na Tijuca, até a Catedral Metropolitana, no Centro.

[643] A feijoada de frutos do mar do Bar do David, na comunidade Chapéu Mangueira, no Leme.

[644] A Floresta da Tijuca, onde predomina a Mata Atlântica, é considerada uma das maiores florestas urbanas do mundo.

[645] Ela fica no gigantesco Parque Nacional da Tijuca, que ocupa 3,5% do território do município do Rio.

[646] Na floresta, com acesso pelo Alto da Boa Vista, o visitante encontra com facilidade vários animais silvestres, como cachorros-do-mato, saguis, tamanduás-mirins, preguiças, macacos-prego e quatis.

[647] E tem também as aves: tucanos, tico-ticos, pica-paus, maitacas...

[648] Desde 1945, o restaurante Os Esquilos é um dos mais pitorescos do Rio, principalmente nos dias mais frios, quando a lareira é acesa.

[649] A Capela Mayrink, de 1855, recebe o público para uma missa, no coração da floresta, no primeiro domingo de cada mês.

[650] Há várias quedas d'água, sendo a mais conhecida delas a Cascatinha Taunay, com 30 metros de altura.

[651] A principal trilha da floresta leva ao Pico da Tijuca, com 1.022 metros de altura, o segundo ponto mais alto da cidade, o que permite um giro de 360º para admirar todo o Rio de cima.

[652] O ponto mais alto do Rio é o Pico da Pedra Branca, com 1.025 metros de altura, entre a Baixada de Jacarepaguá e a região de Campo Grande.

[653] Caetano Veloso cantando "Dom de iludir", "Coração vagabundo", "Você é linda", "O leãozinho"...

[654] A coleção de arte brasileira e europeia do Museu da Chácara do Céu, em Santa Teresa.

[655] O bolinho de feijoada do restaurante Aconchego Carioca, na Praça da Bandeira.

[656] O Planetário da Gávea.

[657] Pedro Paulo Guise Carneiro Lopes, o Pepê, a maior estrela do voo livre que o Brasil já teve.

[658] "Cada vez que eu voo, dou graças a Deus por ser carioca", frase de Pepê sobre ver a cidade de cima nos seus voos de asa-delta.

[659] Pepê virou até nome de praia, num badalado trecho da Barra da Tijuca.

[660] Chinelo é um calçado apropriado para quase todas as situações, sim.

[661] "Vamos todos cantar de coração/ A Cruz de Malta é o meu pendão...", trecho de "Marcha do Vasco", atual hino do clube, de Lamartine Babo.

[662] O prédio do Museu de Arte Moderna (MAM) no traço modernista do arquiteto Affonso Eduardo Reidy.

[663] A coleção de arte moderna e contemporânea brasileira do colecionador Gilberto Chateaubriand em exposição no MAM.

[664] A Cinemateca do MAM.

"Amo a Pedra do Telégrafo, em Barra de Guaratiba. A caminhada até lá é lindíssima e segura – e também permite queimar muitas calorias, pois as subidas são bem íngremes. A vista é deslumbrante, de tirar o fôlego. E a pedra dá a ilusão de que quem tira foto lá está à beira de um precipício, muito radical. Após a trilha, você pode escolher almoçar em algum dos restaurantes a caminho da Prainha, que são muito bons."

Isis Valverde, atriz

[665] Leda Nagle e seu programa de entrevistas *Sem censura*.

[666] O Mirante do Leblon.

[667] A voz possante de Diogo Nogueira.

[668] Os romances policiais de Luiz Alfredo Garcia-Roza, com o seu detetive Espinosa resolvendo casos em Copacabana.

[669] O famoso – e inofensivo – papo de carioca: "Passa lá em casa, está combinado, hein!". E fica tudo por isso mesmo...

[670] A Capela Magdalena, um salão com pinturas e afrescos de inspiração renascentista e barroca onde o cravista Roberto de Regina apresenta concertos, sempre seguidos de jantar. Fica em Guaratiba.

[671] O bloco carnavalesco Cordão do Boitatá, que ocupa as ruas do Centro.

[672] A estátua equestre de dom Pedro I, na Praça Tiradentes, no Centro. Inaugurada em 1862 por dom Pedro II, é a mais antiga da cidade.

[673] Domingo de sol é dia de praia.

[674] Jogar frescobol, altinho, vôlei de praia, futevôlei, futebol na areia, praticar *slackline*...

[675] E também surfar, nadar, pegar jacaré, boiar no mar, praticar *stand up paddle*.

[676] Já as crianças adoram fazer castelos de areia na beira d'água.

[677] O ideal para isso é quando o mar está calmo, sem ondas, o que os cariocas chamam de "piscininha".

[678] Comida de praia na mão dos vendedores ambulantes: empadas, queijo coalho na brasa, camarão no espeto, quibes e esfihas, sanduíche natural, sacolé, sucolé, picolé...

[679] E os dois grandes clássicos das areias cariocas: biscoito Globo e mate de galão.

[680] Mas levar de casa um isopor recheado de coisas gostosas também é uma ótima opção.

[681] Aliás, vende-se de tudo na praia: óculos escuros, filtro solar, biquínis, cangas, redes. Sem falar nos vendedores de bijuterias artesanais feitas com as coisas que a natureza dá.

[682] Em alguns lugares, ainda dá para encontrar até vendedores de aviõezinhos de isopor. Tão anos 1970!

[683] E por falar em aviões, aqueles (de verdade) que passam com faixas de propaganda são outro clássico carioca.

[684] As árvores que dão sombra nas regiões de praia: coqueiros, algodoeiros, amendoeiras e casuarinas.

[685] Um dos "esportes" mais antigos do carioca é o "teste da praia". Acontece quando moças e rapazes que ainda estão se conhecendo marcam de ir à praia juntos para ver o corpo um do outro com pouca roupa.

[686] Se agradar, daí é só pedir para passar filtro solar nas costas, aquelas manhas de paquera...

[687] O colorido dos guarda-sóis em dia de praia lotada.

[688] Aplaudir o pôr do sol no Posto 9, em Ipanema. Ou nas pedras do Arpoador.

[689] Biquíni de lacinho, cortininha, fio dental, tomara que caia, asa-delta...

[690] Marquinha de biquíni.

[691] E de sunga.

[692] Os sambas da dupla Moacyr Luz e Aldir Blanc, dois apaixonados pelo Rio.

[693] Tomar um chope no bar Amarelinho, na Cinelândia, no Centro. E imaginar que o ano é 1921, quando o lugar foi aberto.

[694] A escritora Nélida Piñon, carioca de Vila Isabel.

[695] Os documentários de Eduardo Coutinho, como *Edifício Master* e *Babilônia 2000*.

[696] A paleta de cordeiro assada com rapadura da chef Roberta Sudbrack, no restaurante que leva seu nome, no Jardim Botânico.

[697] "Rio de Janeiro, gosto de você/ Gosto de quem gosta...", trecho da música "Valsa de uma cidade", de Antônio Maria e Ismael Neto.

[698] Niterói. Sim, é outra cidade. Mas é de lá que se tem uma das melhores vistas do Rio, com todas as montanhas cariocas enfileiradas. Um espetáculo!

[699] A reinvenção do mundo na obra de Arthur Bispo do Rosário. Especialmente seu *Manto da apresentação*, feito para que ele o usasse no dia do Juízo Final.

[700] No Rio, quando um homem e uma mulher (ou duas mulheres) se encontram, eles dão dois beijinhos no rosto. E, muitas vezes, um bom abraço.

[701] O Museu da República, que funciona no lindo Palácio do Catete, que foi a sede do Poder Executivo na época em que o Rio era a capital do país.

[702] O principal interesse histórico do museu é o aposento onde o presidente Getúlio Vargas se suicidou, em 1954. A arma que ele usou e o projétil que atingiu seu peito estão em exposição, assim como o paletó de seu pijama.

[703] Os jardins do Palácio do Catete, com palmeiras imperiais, lagos e grutas, também são lindos.

[704] O humor escrachado de Dercy Gonçalves.

[705] E como esquecer Dercy desfilando na Sapucaí, pela Unidos do Viradouro, da qual era enredo, com os seios à mostra, em 1991? Ela tinha 83 anos.

[706] Tirar foto ao lado da estátua de Tom Jobim, no calçadão de Ipanema.

[707] O gigantesco bolo da rua da Carioca, servido à população todo dia 1º de março, aniversário da cidade.

[708] O bloco carnavalesco Mulheres de Chico. A banda é formada apenas por mulheres e só toca músicas de Chico Buarque. No Leme.

"A Poeira é uma loja de móveis meio artísticos, sofisticados, no Leblon, que passou a ser também um barzinho. Tem umas comidinhas ótimas e vinhos portugueses com preço bom, pois a dona é portuguesa. E continua vendendo os móveis. É sensacional, dessas coisas charmosas do Rio... Ah, e sempre o Copacabana Palace, onde se come um picadinho maravilhoso. É, sem dúvida, um lugar cinematográfico."

Chico Caruso, cartunista

[709] As Frenéticas cantando “Dancin’ days” e mandando todo mundo abrir as asas e soltar as feras.

[710] O Park Clube do Totó, no Recreio dos Bandeirantes, que tem piscina e outras atividades recreativas só para... cães.

[711] Os romances de Lima Barreto, carioca de Laranjeiras.

[712] Mané Garrincha e seus dribles desconcertantes. Foi o maior ídolo da história do Botafogo.

[713] Quer uma praia com um pouco de privacidade? A da Reserva, sempre vazia, tem espaço para todo mundo, principalmente nos dias de semana.

[714] O mil-folhas de creme e a bomba de chocolate da doceria Chez Anne, na Gávea.

[715] O relógio de quatro faces da Central do Brasil. Fica a 110 metros de altura e ocupa cinco andares do prédio onde está instalado.

[716] Os parangolés e os penetráveis de Hélio Oiticica.

[717] “Seja marginal, seja herói”, os dizeres na bandeira de Hélio Oiticica, em 1968.

[718] As tramas de Manoel Carlos têm sempre um caso de amor com o Rio – especialmente o Leblon. E grandes atores e atrizes fizeram papéis marcantes nas histórias do autor.

[719] Tony Ramos como os gêmeos João Victor e Quinzinho, na novela *Baila comigo*.

[720] Regina Duarte e Gabriela Duarte e a troca de bebês de Helena e Maria Eduarda, mãe e filha, em *Por amor*.

[721] Paulo José como o alcoólatra Orestes, também na novela *Por amor*.

[722] Vera Fischer e Reynaldo Gianecchini e a paixão de seus personagens, Helena e Edu, no Leblon de *Laços de família*.

[723] Carolina Dieckmann e o drama da leucemia vivido por sua personagem, Camila, também em *Laços de família*.

[724] Regiane Alves como a malvada Dóris, que maltratava os avós em *Mulheres apaixonadas*.

[725] Lilia Cabral como a avó desumana Marta, de *Páginas da vida*.

[726] Larissa Maciel e Mateus Solano como Maysa e Ronaldo Bôscoli na minissérie *Maysa: quando fala o coração*.

[727] Alinne Moraes, a ex-modelo tetraplégica Luciana da novela *Viver a vida*.

[728] Assistir às corridas de cavalo do Grande Prêmio Brasil, no Hipódromo da Gávea, o Jockey Club Brasileiro. A prova existe desde 1933. Já os lindos prédios do Jockey são de 1926.

[729] O bloco de Carnaval Quem Mora no Méia Não Bobéia, que ocupa as ruas do Méier.

[730] Dona Ivone Lara, primeira-dama do samba, carioca de Botafogo.

[731] A Pedra do Telégrafo, em Barra de Guaratiba, aquela que permite fotos que criam uma ilusão de ótica, como se o lugar fosse à beira de um precipício. Mas não é.

[732] "Estranho é pensar que o bairro das Laranjeiras/ Satisfeito sorri, quando chego ali...", trecho da música "All Star", de Nando Reis.

[733] A explosão de cores na pintura de Beatriz Milhazes.

[734] A sensualidade das mulheres cariocas.

[735] A dos homens também.

[736] O Rio contagia. Muitos estrangeiros, quando se mudam para a cidade, não querem mais ir embora e ficam até mais cariocas que os próprios cariocas.

[737] Já tem até uma palavra para quando esse estrangeiro é parisiense: “parioca”. O ator francês Vincent Cassel, que tem casa no Rio, se considera um deles.

[738] O pato laqueado do restaurante Mr. Lam, na Lagoa.

[739] A cara de Rio antigo do Armazém São Thiago, que existe desde 1919, em Santa Teresa.

[740] O charme *art déco* do Edifício Biarritz, de 1937, com suas sacadas abauladas e toldos amarelos, na Praia do Flamengo. É, possivelmente, o mais belo prédio residencial do Rio.

[741] A Feira das Yabás, com barracas de comidas típicas do subúrbio carioca. Tem mocotó, rabada, cozido... Todo segundo domingo do mês, em Oswaldo Cruz.

[742] As *drag queens*, transformistas e travestis mais famosas do Rio: Suzy Brasil, Isabelita dos Patins, Lorna Washington, Rogéria, Jane di Castro, Eloina dos Leopardos.

[743] Os contos e romances de Clarice Lispector.

[744] As ruas de comércio popular da Saara, a região do Centro apinhada de lojas que vendem de tudo.

[745] Os vagões só para mulheres do metrô. Nos dias úteis, das 6 às 9 da manhã e das 5 da tarde às 8 da noite.

[746] O suingue de Sandra de Sá.

[747] Há vendedores de frutas por toda a cidade, em bancas e carrocinhas nas esquinas: mangas, bananas, abacaxis, goiabas, mamões...

[748] O suflê de chocolate do restaurante A Polonesa, em Copacabana.

[749] Morar próximo ao mar e, se possível, com vista para o mar, é um luxo.

[750] O Sorvete Itália, de delícia vendida nas areias das praias para lojas espalhadas por toda a cidade.

[751] A Art Rua, feira de arte urbana que acontece uma vez por ano na Zona Portuária.

[752] Adriana Calcanhotto, que sabe que cariocas são bonitos, são bacanas, são dourados, são espertos e não gostam de dias nublados.

"Meu lugar preferido no Rio de Janeiro é o Cristo Redentor. Pode parecer clichê, mas acho que é o que melhor simboliza a cidade que recebe o mundo de braços abertos. Além disso, artisticamente falando, é uma obra incrível. E, lá de cima, é possível se maravilhar com a vista panorâmica da Cidade Maravilhosa!"

Beth Carvalho,
cantora e compositora

[753] O arquiteto Oscar Niemeyer, carioca do bairro de Laranjeiras.

[754] A paixão que Niemeyer tinha pelo Rio, encantado que era pela sinuosidade da geografia da cidade – e também pelas curvas das mulheres.

[755] Curiosamente não há tantas construções de Niemeyer no Rio, como seria de se supor. As principais são: o Sambódromo; o Hospital da Lagoa; a Casa das Canoas, em São Conrado, onde ele morou; o Edifício Manchete, na Glória; os CIEPs; e o desativado Hotel Nacional, em São Conrado.

[756] Valéria Valenssa, a eterna Globeleza, carioca da Pavuna.

[757] A costela no bafo com arroz, farofa e fritas do restaurante Cachambeer, no Cachambi.

[758] Dar um "tchibum" no "Arpex". Não entendeu? Tradução: dar um mergulho na praia do Arpoador.

[759] O designer Sergio Rodrigues, carioca de Copacabana. Sua Poltrona Mole é um marco do mobiliário brasileiro moderno.

[760] O vaivém, a partir da Praça XV, das barcas que fazem a ligação Rio-Niterói.

[761] Só quem nasce no Rio é um autêntico carioca.

[762] E o que é ser carioca da gema? É aquela pessoa cujos pais também são cariocas, sabia?

[763] Muita gente nem é carioca da gema, mas diz que é, pois, afinal, tem uma identificação sem tamanho com a cidade. Então, também está valendo.

[764] E tem os cariocas por adoção. Afinal, ser carioca é, acima de qualquer outra coisa, um estado de espírito.

[765] Como dizia Vinicius de Moraes, um pernambucano, um mineiro, um paulista, um baiano, um amazonense ou um gaúcho podem até se tornar cariocas. Mas um carioca nunca vira outra coisa. Será sempre carioca.

[766] "Se as meninas do Leblon/ Não olham mais pra mim/ Eu uso óculos...", trecho da música "Óculos", de Herbert Vianna.

[767] A literatura infantil da escritora Ana Maria Machado, carioca de Santa Teresa.

[768] O cascudinho de baião de dois, bolinho que leva arroz, feijão, linguiça, carne de sol e queijo coalho, do bar Chico & Alaíde, no Leblon.

[769] As mulatas nos desenhos do cartunista Lan.

[770] Tomar um banho noturno de mar durante o verão.

[771] O Morro da Conceição, na Zona Portuária, com suas vielas e construções do período colonial. É um marco do início da ocupação da cidade.

[772] As rodas de samba da Pedra do Sal, no Morro da Conceição, local onde o samba carioca nasceu.

[773] Os postos de salvamento da praia. O mais famoso deles é o Posto 9, em Ipanema, considerado o *point* mais descolado das areias cariocas.

[774] Romário, o Baixinho da Vila da Penha (mas nascido no Jacarezinho), craque do Vasco e do Flamengo.

[775] O bloco de Carnaval Monobloco, do cantor Pedro Luís, que leva 400 mil pessoas ao Centro.

[776] O Theatro Municipal, inspirado na Ópera de Paris. Desde 1909, na Cinelândia, no Centro.

[777] Assistir a uma ópera, concerto ou balé no Municipal, onde já se apresentaram nomes como Heitor Villa-Lobos, Maria Callas, Igor Stravinsky, Sarah Bernhardt e tantos outros.

[778] Chegar cedo, admirar as esculturas de bronze, subir as escadarias de ônix, observar o colorido dos vitrais, deslumbrar-se com as pinturas de Eliseu Visconti, tomar um drinque no restaurante Assyrio – enfim, curtir o Municipal como ele merece.

[779] Ana Botafogo, primeira bailarina do Theatro Municipal.

[780] Os antigos bailes de Carnaval do Theatro Municipal, nos anos 1950, frequentado pela alta sociedade carioca e por estrelas internacionais. Algo que soa tão surreal hoje em dia, né?

[781] Artur Azevedo, autor teatral e jornalista, que liderou na imprensa carioca a campanha vitoriosa pela construção do Theatro Municipal.

[782] O filé à Oswaldo Aranha, prato inventado no Rio pelo diplomata gaúcho Osvaldo Aranha. É um filé alto coberto de alho frito, acompanhado por arroz, farofa e batata frita portuguesa.

[783] O Oswaldo Aranha do restaurante Filé de Ouro, no Jardim Botânico, é um dos melhores da cidade.

[784] As crônicas de João do Rio sobre o Rio de Janeiro do início do século XX.

[785] O Forte Duque de Caxias, no alto do Morro do Leme. Mas prepare-se para uma caminhada de 800 metros ladeira acima.

[786] O projeto Arte de Portas Abertas, quando cerca de 40 ateliês e espaços culturais de Santa Teresa são abertos para o público durante um fim de semana.

[787] As frases geniais de Millôr Fernandes. Exemplos: "Chama-se de celebridade um débil mental que foi à televisão"; "Se isto é o país do futuro, me deem um do passado"; "A vida seria muito melhor se não fosse diária".

[788] A missa e a queima de fogos da Alvorada de São Jorge, festa em homenagem ao Santo Guerreiro que acontece todo dia 23 de abril, em Quintino.

[789] Cariocas até conversam. Mas, em geral, principalmente os mais jovens, "trocam uma ideia".

[790] Várias séries de TV já usaram o Rio como pano de fundo para suas tramas. E grandes atores e atrizes brilharam nessas histórias.

[791] Kadu Moliterno e André de Biase, o Juba e o Lula de *Armação ilimitada*, que transbordava carioquice.

[792] Eva Wilma e Patrícia Pillar, as médicas Marta e Cris de *Mulher*, série passada numa clínica ginecológica da Zona Sul.

[793] Marco Nanini e Marieta Severo como Lineu e Nenê, o casal suburbano de *A grande família*.

[794] Claudia Rodrigues e Dira Paes como Marinete e Solineuza, as faxineiras amalucadas da série *A diarista*. Elas tinham clientes por toda a cidade.

[795] Fernanda Torres e Andréa Beltrão, as vendedoras Fátima e Sueli, que trabalhavam numa loja de noivas em Copacabana, em *Tapas & beijos*.

[796] Miguel Falabella e Marília Pêra, o casal Ruço e Darlene, donos de uma funerária no Irajá, em *Pé na cova*.

[797] Bruno Gagliasso como o assassino em série Edu, que aprontava maldades por toda a cidade em *Dupla identidade*.

[798] O Palácio Guanabara, que foi residência da princesa Isabel a partir de 1865, e, hoje, é a sede do governo do Estado. Fica em Laranjeiras.

[799] As composições de Chiquinha Gonzaga. "Ô abre alas", de 1899, foi a primeira música de Carnaval composta no país.

[Jardim Botânico]

[800] A salada de frango ao pesto do restaurante Gula Gula. A de batata palha também é uma pedida certa.

[801] A estátua de Dorival Caymmi na praia de Copacabana, na altura da rua Francisco Otaviano. O compositor baiano morou muitos anos no bairro e era apaixonado pelo mar.

[802] Uma foto do craque Evandro Teixeira serviu de base para a criação da estátua de Caymmi. Não é surpresa. Todas as fotos de Evandro são geniais.

[803] "Ainda tenho que andar/ Do Leblon ao Catete/ Daqui pro Méier...", trecho da música "Daqui pro Méier", de Ed Motta e Chico Amaral.

[804] A tranquilidade do Bairro Peixoto, que parece uma cidade do interior, mas está bem no meio do burburinho de Copacabana.

[805] O Jardim Botânico, parque criado por dom João VI em 1808.

[806] As alamedas de palmeiras imperiais, que são o símbolo do parque. Cada árvore pode ter até 50 metros de altura.

[807] O Chafariz das Musas, com figuras que representam a poesia, a música, a arte e a ciência.

[808] O lago das vitórias-régias.

[809] O orquidário com cerca de mil espécies.

[810] E mais: o Cactário, o Jardim Japonês, o pau-brasil, o bromeliário, o tronco gigante da sumaúma, a floração dos jambeiros...

[811] E tem os casais de noivos que escolhem o Jardim Botânico para fazer fotos para seu álbum de casamento. Dão sempre um toque romântico ao parque.

[812] Cariocas são gostosos. E isso não tem nada a ver com estar em forma.

[813] As lonas culturais e as arenas cariocas da Zona Norte e da Zona Oeste.

[814] O filé com acompanhamento à francesa do Café Lamas, no Flamengo. É o restaurante mais antigo da cidade. Existe desde 1874.

[815] A malandragem de Bezerra da Silva. Porque malandro é malandro – e mané é mané.

[816] Os teatros da Praça Tiradentes, no Centro: o João Caetano, criado em 1813, e o Carlos Gomes, de 1872.

"Aos domingos, adoro almoçar no restaurante Aprazível, em Santa Teresa, pegando a hora do pôr do sol. Para quem gosta de vinho, lá tem uns orgânicos maravilhosos. E cada prato... É um mais gostoso que o outro!"

Letícia Spiller, atriz

[817] Ensaio de escola de samba. As quadras mais fervidas são as da Mangueira, Salgueiro, Vila Isabel e Unidos da Tijuca.

[818] Cariocas não gostam de ouvir gente de fora falando mal do Rio – só eles mesmos podem reclamar da cidade.

[819] Os pavões e as cotias do Campo de Santana, parque no Centro fundado por dom Pedro II em 1880.

[820] Os sambas-exaltação de Ary Barroso.

[821] A estátua de Ary Barroso, sentado a uma mesa, em frente ao restaurante La Fiorentina, no Leme. Ao seu lado, há uma cadeira para que os fãs possam se sentar e tirar fotos.

[822] A La Fiorentina, com suas paredes cobertas de assinaturas de clientes ilustres.

[823] A decoração das ruas em época de Copa do Mundo, com destaque para a rua Alzira Brandão, o Alzirão, na Tijuca, e a rua Pereira Nunes, em Vila Isabel, que arrasam no quesito enfeites.

[824] As ironias do Amigo da Onça, personagem do cartunista Péricles, um ícone das décadas de 1940 e 1950, nas páginas da revista *O Cruzeiro*.

[825] Os filmes *Rio, 40 graus* e *Rio, Zona Norte*, de Nelson Pereira dos Santos.

[826] A paisagem urbana do Rio de Janeiro, no fim do século XIX, nas fotos de Marc Ferrez.

[827] Elis Regina cantando "O bêbado e a equilibrista", "Como nossos pais", "Me deixas louca"...

[828] O escondidinho de carne seca da Academia da Cachaça, no Leblon. E mais de 100 rótulos de cachaça para provar.

[829] A Lagoa Rodrigo de Freitas. Sabia que, lá do alto, quem sobrevoa a Lagoa consegue ver que ela tem o formato de um coração?

[830] As capivaras da Lagoa.

[831] Fazer um piquenique nos gramados ao redor da Lagoa.

[832] O Palaphita Kitch. É o quiosque mais bacana da orla da Lagoa.

[833] O couvert, com linguiça calabresa, patê, salame, queijo, pasta de ricota, ovos de codorna e outras delícias, do restaurante La Mole. No Leblon, na Barra, na Tijuca...

[834] O Lulu Santos de "Tempos modernos", "Como uma onda", "Último romântico", "Um certo alguém", "Toda forma de amor"...

[835] As instalações do artista plástico Tunga.

[836] As vias públicas que são fechadas aos carros nos domingos e feriados, como as orlas de Copacabana, Ipanema e Leblon e o Aterro do Flamengo. É mais espaço ao ar livre para aproveitar os dias de folga.

[837] As charges do Ziraldo.

[838] Volta e meia, fotógrafos gringos mundialmente famosos se encantam pelo Rio e fazem livros com fotos tiradas na cidade. Mario Testino e Terry Richardson são alguns deles.

[839] Fernanda Abreu, a garota carioca, suingue sangue bom.

[840] Olhar o céu sem nuvens, à noite, e saber que no dia seguinte vai dar praia.

[841] Comer uma pizza no fim da noite na Pizzaria Guanabara, no Leblon. Uma instituição da boemia carioca.

[842] A Rádio Nacional dos anos 1940 e 1950, na Praça Mauá, com suas radionovelas, programas de auditório e o famoso *Repórter Esso*, que era "a testemunha ocular da história".

[843] Marlene (a preferida da Aeronáutica) e Emilinha Borba (a favorita da Marinha) – e a rivalidade entre elas e seus fã-clubes.

[844] As macacas de auditório.

[845] Os sambas de Ataulfo Alves, como "Ai, que saudades da Amélia" (parceria com Mário Lago) e "Na cadência do samba" (com Paulo Gesta).

[846] Dalva de Oliveira, na luz difusa de um abajur lilás, cantando "Que será". E também "Errei sim", "Bandeira branca", "Ave Maria no morro" e vários outros sucessos que lhe garantiram o título de Rainha do Rádio.

[847] Orlando Silva, o Cantor das Multidões. Era carioca do Engenho de Dentro.

[848] Ângela Maria, a Sapoti, cantando "Babalu", "Não tenho você", "Fósforo queimado", "Recusa", "Lábios de mel"...

[849] Cauby Peixoto cantando "Conceição" "Ninguém é de ninguém", "Nada além", "Blue gardênia" e, claro, "Bastidores"...

[850] Mais alguns grandes nomes da Era do Rádio: Linda Batista, Francisco Alves, Ademilde Fonseca, Radamés Gnattali, Dircinha Batista, Silvio Caldas, Nora Ney, Nelson Gonçalves e tantos outros.

[851] Os drinques à base de sorvete do Felice Caffè, em Ipanema.

[852] Grumari, a praia mais selvagem – e também a mais bela – do Rio.

[853] O carioca tem vocação para ser feliz.

[854] "Sou tricolor de coração/ Sou do clube tantas vezes campeão...", trecho de "Marcha do Fluminense", hino não oficial do clube, de Lamartine Babo e Lyrio Panicali.

[855] Os esqueletos de dinossauros, as múmias egípcias, os meteoritos e os fósseis do Museu Nacional, que ocupa o palácio em estilo neoclássico que foi residência da família imperial.

[856] A Quinta da Boa Vista, imensa área verde com jardins e lagos com pedalinhos onde fica o Museu Nacional.

[857] Os dois ficam – atenção para o charme do nome completo do lugar – no Bairro Imperial de São Cristóvão.

[858] O Convento de Santo Antônio, no Largo da Carioca, cuja construção começou em 1608. Respire fundo antes de subir os 96 degraus da escadaria que leva à linda igreja com vista para o Centro da cidade.

"O lugar mais relax do Rio, na minha opinião, é o Arpoador. Gosto de ficar nas pedras relaxando, vendo a paisagem. É o pôr do sol mais lindo do Rio! Outro lugar muito importante para mim é a Casa Villarino, no Centro. Foi lá que aconteceu o histórico primeiro encontro do Vinicius de Moraes com o Tom Jobim. É um lugar gostoso para tomar um chope, tem várias cervejas importadas gostosas... É um ótimo local da boemia carioca, onde você respira cultura e bossa nova."

Alexandre Borges, ator

[859] O arroz de pato do restaurante Antiquarius, no Leblon.

[860] Carioca adora ir à praia e ficar até o finalzinho do dia. Quando chega em casa já está de noite.

[861] A Casa de Cultura Laura Alvim, com salas de cinema e teatro, bem na praia de Ipanema. Sua antiga dona, uma incentivadora das artes, deixou o lugar para o Estado antes de morrer, em 1984.

[862] "Eu sou o samba/ Sou natural daqui do Rio de Janeiro...", trecho de "A voz do morro", de Zé Kéti.

[863] Zé Kéti, João do Vale e Nara Leão no *Show Opinião*, no Teatro de Arena, em Copacabana, em 1964. Porque protestar contra o golpe militar era preciso.

[864] Os carnavais de antigamente, quando o arlequim chorava pelo amor da colombina. E, claro, Dalva de Oliveira cantava "Máscara negra", de Zé Kéti.

[865] A estrada das Paineiras, que corta a Floresta da Tijuca, com suas cachoeiras e mirantes debruçados sobre a Zona Sul.

[866] O pintor Di Cavalcanti, carioca da rua do Riachuelo, no Centro.

[867] As mulheres – e o Brasil – nas telas de Di Cavalcanti.

[868] Ver o nascer do sol no Mirante do Arvrão, um espaço no topo do Morro do Vidigal com vista estupenda para o mar.

[869] O livro *Cidade partida*, de Zuenir Ventura.

[870] Não curte o calor do Rio? Então, vá patinar no gelo! Há pistas no Américas Shopping, no Recreio dos Bandeirantes e no Norte Shopping, no Cachambi, entre outros lugares.

[871] Roberto Carlos cantando "Emoções", "Como é grande o meu amor por você", "Além do horizonte", "Você foi".

[872] As composições da dupla Roberto e Erasmo Carlos.

[873] O bacalhau à Zé do Pipo, do restaurante A Casa do Bacalhau, no Méier.

[874] O Carnaval de rua.

[875] Os clóvis. Ou bate-bolas. Ou mascarados. Não importa o nome, as fantasias são sempre elaboradas – e assustadoras.

[876] Aquelas máscaras de políticos e outros personagens polêmicos que fazem sucesso nos blocos.

[877] Bloco das piranhas.

[878] É, no Carnaval adultos viram mesmo crianças.

[879] Mas os números não são brincadeira: o Rio recebe 1 milhão de turistas durante a festa.

[880] Os blocos de rua contabilizam até 5 milhões de pessoas.

[881] E a economia movimenta 3 bilhões de reais.

[882] E é bom para a saúde: algumas horas num bloco ajudam a queimar cerca de 240 calorias.

[883] Mas um lembrete aos meninos: fazer xixi na rua durante o Carnaval dá multa de 510 reais – viva!

[884] A praia do Secreto, uma piscina de água do mar cercada de rochas, entre a praia da Macumba e a Prainha. O acesso é feito somente por uma trilha.

[885] Marcelo D2, carioca de São Cristóvão, sempre à procura da batida perfeita.

[886] Muitos cariocas não vivem sem praia – mesmo que nunca a frequentem. Mas é preciso saber que ela está lá.

[887] O estilo ultrapop das telas do artista plástico Rubens Gerchman.

[888] O pastel de Belém da Casa Cavé, a confeitaria mais antiga da cidade, aberta em 1860, no Centro.

[889] As temperaturas amenas, mesmo no verão, do Alto da Boa Vista, que fica 300 metros acima do nível do mar.

[890] É, o Rio tem clima de praia e de montanha em lugares que estão separados um do outro por questão de minutos.

[891] O casario antigo da rua do Catete.

[892] Os quadrinhos eróticos, conhecidos como "catecismos", de Carlos Zéfiro. Febre entre os anos 1950 e 1970.

[893] A usina de sons de Hermeto Pascoal.

[894] O bloco carnavalesco Quem Vai Vai, Quem Não Vai Não Cagueta, que sai no Jardim Guanabara.

[895] A Zona Norte, o subúrbio e as várias comunidades do Rio são queridinhos dos autores de novelas e seriados, que, assim, tiram o foco dramatúrgico apenas da Zona Sul. Grandes atores e atrizes criaram tipos cativantes nesses cenários.

[896] Francisco Cuoco como Carlão, um taxista do Méier, na novela *Pecado capital*.

[897] Letícia Spiller como Babalu, a manicure da Ilha do Governador, na novela *Quatro por quatro*.

[898] Regina Dourado e Rogério Cardoso, como Lucineide e Salgadinho, ele dono de um bar em Maria da Graça, na novela *Explode coração*.

[899] Claudia Raia como a dona de casa de Vaz Lobo Engraçadinha, na minissérie *Engraçadinha: seus amores e seus pecados*.

[900] Mara Manzan como a Odete, de *O clone*, que adorava o Piscinão de Ramos, onde cada mergulho era um flash.

[901] Juliana Paes, a manicure louca pela fama Jaqueline Joy, que morava no Andaraí, na novela *Celebridade*.

[902] Darlan Cunha, o Laranjinha, e Douglas Silva, o Acerola, na série *Cidade dos homens*, gravada em favelas como Rocinha e Santa Marta.

[903] Erika Januza, a Conceição, jovem eleita Miss Subúrbio na série *Suburbia*, ambientada em Madureira.

[904] E, claro, teve a novela *Avenida Brasil*, de João Emanuel Carneiro, que colocou em cena o subúrbio carioca do Divino, um bairro fictício, mas que poderia muito bem existir Várias atuações conquistaram o público.

[905] Adriana Esteves como a malvada sem limites Carminha.

[906] Murilo Benício, o Tufão, um ex-jogador do Flamengo.

[907] Vera Holtz como Mãe Lucinda, a mandachuva do lixão da novela.

[908] Alexandre Borges, o mulherengo Cadinho, que tinha três mulheres.

[909] Isis Valverde era a sensual maria-chuteira Suelen.

[910] O Instituto Moreira Salles, o IMS, na Gávea, instalado numa bela casa com arquitetura modernista de Olavo Redig de Campos e jardins de Burle Marx.

[911] O primoroso acervo iconográfico sobre o Rio do IMS.

[912] O portal Brasiliana Fotográfica, da Biblioteca Nacional e do Instituto Moreira Salles, que disponibiliza, em excelente resolução, mais de 2 mil fotos históricas do Rio de Janeiro (e do Brasil) do século XIX até os anos 1920.

[913] A sorveteria Mil Frutas, com seus sabores únicos: banana caramelada, pitanga com champanhe, goiabada com queijo, nozes com ovos moles, pão de mel, quindim, rabanada e tantos outros.

[914] O filé com crosta de ervas, servido com o bem bolado rodízio de acompanhamentos, do restaurante CT Boucherie, no Leblon.

[915] A elegância dos sambas – e do violão – de Paulinho da Viola, carioca de Botafogo. "Dança da solidão", "Foi um rio que passou em minha vida" e "Sinal fechado" são obras-primas.

[916] A praia da Joatinga, escondida dentro de um condomínio de luxo entre São Conrado e Barra da Tijuca. Mas todo mundo pode entrar.

[917] As viaturas antigas do Museu Histórico do Corpo de Bombeiros, que funciona no belo prédio de 1908 do quartel central da corporação, no Centro.

[918] Cariocas não resolvem um "problema". Resolvem uma "parada".

[919] O Bonequinho Viu, o "crítico" de cinema do jornal *O Globo*.

"Gosto de fazer caminhadas na orla de Ipanema, Leblon, Arpoador e na Lagoa. Amo sair ao ar livre, acho prazeroso e estimulante. O Rio é uma academia a céu aberto. Ando pela manhã porque gosto do sol, adoro sentar nos quiosques da Lagoa e beber uma água de coco gelada. Também gosto muito da Livraria da Travessa, em Ipanema. Lá, tem o Bazzar Café, uma ótima pedida para o almoço."

Luiza Brunet,
modelo e empresária

[920] Carmen Miranda, carioca da Lapa, embora tenha nascido em Portugal.

[921] O acervo de figurinos, acessórios, objetos pessoais e documentos de Carmen, que ocupavam um museu com seu nome no Flamengo, fará parte do novo Museu da Imagem e do Som, que será aberto em Copacabana.

[922] O agnolotti verde de queijo ao creme de funghi tartufado do restaurante La Trattoria, em Copacabana.

[923] A Ilha Fiscal, na Baía de Guanabara, com seu castelo neogótico de 1889, onde aconteceu o famoso último baile do Império.

[924] A elegância dos jardins da Praça Paris, na Glória.

[925] O prédio do Palácio Gustavo Capanema, antigo Ministério da Educação e Saúde, inaugurado em 1943, no Centro, é um marco da arquitetura moderna no Brasil. O projeto original do suíço Le Corbusier foi desenvolvido por uma equipe que incluía Oscar Niemeyer e Lúcio Costa.

[926] A tradicional bênção dos Capuchinhos, toda primeira sexta-feira do ano, na igreja de São Sebastião, na Tijuca, onde estão guardados restos mortais de Estácio de Sá, o fundador da cidade.

[927] As fotos do Rio, nos anos 1940 e 1950, do austríaco Kurt Klagsbrunn.

[928] A Cidade do Samba, na Gamboa, um espaço permanente para as escolas conceberem seus desfiles. Com direito à visitação do público.

[929] A tanga de crochê do Fernando Gabeira – um símbolo da Anistia – nas areias de Ipanema, no verão de 1980.

[930] O teatro, os cinemas e as galerias de arte da Caixa Cultural, no Centro.

[931] Cariocas classificam como "maneiro" tudo aquilo que é bom.

[932] E chamam de "irado" algo que é considerado muito bom. Nunca é "massa". Muito menos "da hora".

[933] "Irado" é "maneiro", né?

[934] O peixe ao sal grosso do restaurante Satyricon, em Ipanema.

[935] O bloco de Carnaval Escravos da Mauá, com sua comissão de frente de pernas de pau, no bairro da Saúde.

[936] O Museu Casa do Pontal, no Recreio dos Bandeirantes, que abriga cerca de 8.500 peças de 300 artistas populares brasileiros, em sua maioria esculturas de barro que mostram o cotidiano do homem nordestino.

[937] Chico Buarque cantando "Apesar de você", "Cotidiano", "Trocando em miúdos", "As vitrines", "Futuros amantes", "Vai passar"...

[938] Chico cantando qualquer coisa.

[939] Os olhos verdes de Chico Buarque – e a possibilidade de vê-los passar numa simples caminhada pelo calçadão do Leblon.

[940] O teatro de Chico Buarque: *Roda-viva*, *Calabar* (em parceria com Ruy Guerra), *Gota d'água* (com Paulo Pontes) e *Ópera do malandro*.

[941] E ainda todas aquelas adaptações deliciosas que ele fez para o musical infantil italiano *Os saltimbancos*.

[942] Nos fins de semana, cariocas fazem samba e amor até mais tarde. E têm muito sono de manhã.

[943] Didi, Dedé, Mussum e Zacarias.

"Um lugar que eu amo no Rio é a trilha para o Corcovado que começa no Parque Lage. É bacana porque você faz um passeio no parque e já entra no clima da floresta. Dá para fazer a trilha em duas horas, mas tenho amigos que já fizeram em 47 minutos. Vá pelo menos até uma caixa d'água que tem lá em cima, faltando um tempo ainda para chegar no Cristo. Eu fazia essa trilha, contemplava a Zona Sul dessa caixa d'água e voltava, nem chegava a ir até a estátua mesmo. É um exercício maravilhoso, com esse brinde que a cidade dá para a gente no final."

Mateus Solano, ator

[944] O filé boursin, servido com peras ao vinho branco, do restaurante Guimas, na Gávea.

[945] O Rio é uma cidade que convida ao convívio, seja na praia, seja numa infinidade de outros espaços públicos.

[946] O Parque do Flamengo, a maior área de lazer da cidade.

[947] As árvores do Aterro: abricós-de-macaco, flamboyants, paineiras, bômbax, fícus, arecas...

[948] Tomar um chope pós-praia no boteco Jobi, no Leblon.

[949] O chute "folha-seca", de Didi, ídolo do Fluminense e do Botafogo nos anos 1950 e 1960. Tocada com efeito, a bola subia despretensiosa e, perto do gol, mudava de direção e enganava o goleiro, como se fosse uma folha seca caindo.

[950] Andar de pedalinho na Lagoa Rodrigo de Freitas.

[951] Os contos e os romances policiais do escritor Rubem Fonseca.

[952] Jô Soares e os seus tipos inesquecíveis: Bô Francineide, Gardelón, Capitão Gay, Reizinho, Zé da Galera...

[953] Chorinho, o ritmo legitimamente carioca.

[954] Pixinguinha, carioca da Piedade.

[955] O Museu Nacional de Belas Artes, no Centro, tem o maior acervo do Brasil em obras do século XIX.

[956] Entre os destaques, estão as telas *Batalha do Avaí*, de Pedro Américo, que tem 66 metros quadrados, e *Primeira missa no Brasil*, de Victor Meirelles.

[957] Mas o museu também tem obras de Portinari, Tarsila do Amaral, Lasar Segall, Pancetti, Iberê Camargo, Volpi, Di Cavalcanti...

[958] O painel de azulejos em homenagem a Santa Bárbara da pintora Djanira. Inicialmente instalado em uma capela dentro do Túnel Santa Bárbara, que faz a ligação Laranjeiras-Catumbi, hoje ele faz parte do acervo do Museu Nacional de Belas Artes, no Centro.

[959] "Ela é carioca, ela é carioca/ Basta o jeitinho dela andar...", trecho da música "Ela é carioca", de Tom Jobim e Vinicius de Moraes.

[960] A costela de porco defumada com salada de batatas do Bar Brasil, na Lapa. Tradição na culinária alemã desde 1907.

[961] O samba de breque de Moreira da Silva, o Kid Morengueira.

[962] O uniforme do malandro: terno de linho branco, gravata vermelha, sapato bicolor e chapéu-panamá.

[963] Os mais de 150 milhões de livros vendidos em todo o mundo por Paulo Coelho, carioca de Botafogo.

[964] Gilberto Gil cantando “Drão”, “Vamos fugir”, “Realce”, “Andar com fé”, “Expresso 2222”...

[965] O Forte de Copacabana. Construído entre 1910 e 1914, era a mais poderosa fortificação da América do Sul. Hoje, abriga o Museu Histórico do Exército.

[966] A tradicional Confeitaria Colombo tem uma filial dentro do Forte de Copacabana. Serve café da manhã, almoço e chá da tarde com uma das mais belas vistas da cidade.

[967] As frases do jornalista Apparício Torelly, o Barão de Itararé: “Quando o pobre come frango, um dos dois está doente”; “O homem que se vende recebe sempre mais do que vale”; “Viva cada dia como se fosse o último. Um dia você acerta”.

[968] A árvore de Natal da Lagoa, que inaugura as comemorações de fim de ano na cidade.

[969] Com sua queima de fogos, a festa de iluminação da árvore é o terceiro maior evento turístico do Rio. Perde apenas para o Carnaval e o Ano-Novo.

[970] Muitos cariocas amam odiar a árvore. Mas ela é linda!

[971] O cinejornal futebolístico *Canal 100*, exibido entre 1959 e 1986. Que bonito era.

[972] O cabrito com arroz de brócolis do restaurante Nova Capela, na Lapa.

[973] As belezas naturais da cidade no filme de animação *Rio*, do diretor Carlos Saldanha, carioca de Jacarepaguá.

[974] O *Dicionário Cravo Albin da Música Popular Brasileira*, do pesquisador musical Ricardo Cravo Albin. Disponível on-line.

[975] Os jardins de Roberto Burle Marx espalhados pela cidade – e o sítio onde ele morava, em Barra de Guaratiba, com suas 3.500 espécies de plantas. O local é aberto à visitação com hora marcada.

[976] O Festival do Rio, que leva à cidade centenas de filmes internacionais que dificilmente entrarão em circuito.

[Igreja da Candelária]

[977] Marina Lima cantando "Uma noite e ½", "À francesa", "Eu te amo você", "Fullgás", "Charme do mundo"...

[978] As rodas de samba – e as de choro – do bar Bip Bip, em Copacabana.

[979] A geração saúde dos anos 1980, que praticava *cooper* no calçadão da praia e que tinha em "Vamos malhar, vamos suar" o seu lema.

[980] Regina Casé, carioca de Botafogo, e seu programa *Esquenta*, com a Zona Norte e a periferia no palco.

[981] O Rio de Janeiro do início do século XX nas fotos de Augusto Malta.

[982] O angu do Gomes, polenta mole com molho de carne, miúdos de boi e linguiça, no restaurante que leva o nome do prato, na Praça Mauá.

[983] Renato Russo, carioca da Ilha do Governador, mas nascido no Humaitá.

[984] A imponência da igreja da Candelária, no Centro. Inaugurada em 1811, ela sofreu acréscimos até 1898, quando foi inaugurada novamente.

[985] A trilha, relativamente fácil, a partir do Morro do Vidigal, que leva até o topo do Morro Dois Irmãos.

[986] O Bloco da Preta, da cantora Preta Gil, que aglomera 400 mil pessoas durante o Carnaval nas ruas do Centro.

[987] A brisa que vem do mar.

[988] O Real Gabinete Português de Leitura, biblioteca em estilo manuelino concluída em 1887, no Centro. Parece cenário de filme.

[989] A cravista Rosana Lanzelotte.

[990] O Largo do Guimarães, em Santa Teresa, e seus tradicionais restaurantes: o Bar do Mineiro, a Adega do Pimenta, o Sobrenatural e o Bar do Arnaudo.

[991] As marchinhas de Carnaval de Lamartine Babo, carioca do Centro.

[992] Luz del Fuego, a artista performática dos anos 1950 e 1960 que se apresentava nua, com duas cobras enroladas no corpo. Ela fundou uma colônia naturista numa ilha na Baía de Guanabara.

[993] O cachorro-quente Geneal.

"Sou sócia do Jardim Botânico. Lá, tem lugares onde posso correr, fazer passeios, tirar fotos e levar amigos para tomar um café e dar uma espairecida. Vou muito! Também gosto bastante de almoçar e ver exposições no Instituto Moreira Salles, na Gávea."

Zezé Polessa, atriz

[994] As saracuras, quero-queros, tiê-sangues, pica-paus, tico-ticos e tantas outras aves do Bosque da Barra, área de preservação ambiental com 50 hectares na Barra da Tijuca.

[995] "Rio 40 graus, cidade maravilha/ Purgatório da beleza e do caos...", os versos do pulsante *rap* Rio 40 graus, de Fernanda Abreu, Carlos César Laufer e Fausto Fawcett, captam com precisão as contradições da cidade.

[996] Maria Bethânia cantando "Olhos nos olhos", "Grito de alerta", "Explode coração", "Fera ferida"...

[997] Ir à praia antes – ou depois – do trabalho.

[998] O Parque Lage, no bairro Jardim Botânico. Além da área verde, tem o palacete onde morou a cantora lírica Gabriella Besanzoni.

[999] As palavras do papa João Paulo II, em sua visita ao Rio de Janeiro, em 1997: "Se Deus é brasileiro, o papa é carioca".

[1000] Dizem que cariocas são marrentos. Mas eles são só... cariocas.

[1001] É, o Rio de Janeiro continua lindo.

[AGORA ANOTE AS SUAS OUTRAS RAZÕES PARA GOSTAR DO RIO DE JANEIRO]

Este livro foi composto em Helvetica Neue e impresso pela Intergraf
para a Editora Planeta do Brasil em maio de 2016.